P.MANNE

BIBLIOTHÈQUE CHRÉTIENNE
DE L'ADOLESCENCE ET DU JEUNE AGE
Publiée avec approbation
de Monseigneur l'Evêque de Limoges.

Jean-Baptiste-Marie VIANNAY

CURÉ D'ARS

NÉ A DARDILLY EN 1786

Mort à Ars le 4 Août 1859

LE
CURÉ D'ARS

VIE

DE JEAN-BAPTISTE-MARIE VIANNEY.

PAR

PAUL JOUHANNEAUD

Chanoine honoraire, directeur de la bibliothèque
populaire catholique de Limoges.

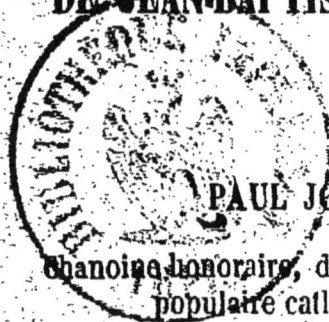

LIMOGES
F. F. ARDANT FRÈRES,
rue des Taules.

PARIS
F. F. ARDANT FRÈRES,
25 quai des Augustins.

Avis des Editeurs.

Bien que ce livre soit sans autorité dans l'Eglise, notre obéissance respectueuse à cette infaillible et sainte mère nous fait un devoir de dire que lorsque nous attribuons des *miracles*, des *prophéties*, etc., au curé d'Ars, lorsque nous l'appelons *modèle du clergé, glorieux saint, etc.*, nous ne prétendons être qu'un écho de la voix publique, de celle surtout de Nos-Seigneurs de Langalérie, évêque de Belley, et Chalandon, archevêque d'Aix, qui l'ont solennellement glorifié. Avec ces dignes et savants pontifes, avec tous nous reconnaissons qu'au Siége apostolique seul il appartient de juger ces faits et ces qualifications.

I.

UNE GLOIRE DU XIXᵉ SIÈCLE.

Depuis le mois d'août 1859, bien des pages, bien des livres ont été publiés sur J.-B. M. Vianney, curé d'Ars. Son nom a été déjà mille fois répété dans les écoles, dans les communautés, dans les églises aussi bien de la capitale que dans les plus solitaires chapelles de France. Puisque le procès de la canonisation de cet illustre *serviteur de Dieu* se poursuit activement partout, où comme notre adorable maître *il a passé faisant le bien*, qui dénombrera les volumes qui paraîtront encore pour glorifier sur la terre sa douce et sainte mémoire ?

Il y avait donc une lacune dans nos séries de volumes : les adolescents et les maîtres qui recherchent nos publications s'étonnaient avec raison qu'aucune d'elles ne fût exclusivement consacrée au récit de la vie de ce prêtre éminent dont tout le monde parle. Est-ce que, nous écrivait-on, cette histoire d'hier n'offre pas un incomparable intérêt? Auriez-vous sur vos rayons un livre plus propre à instruire la jeunesse chrétienne, à émouvoir et captiver son cœur?

Voilà le motif qui nous a portés aussi nous à augmenter, selon nos moyens, la publicité acquise déjà au curé d'Ars.

Ajouterons-nous qu'avec confiance nous éditons cette biographie, résultat d'un travail intelligent et consciencieux, composée sur des documents irrécusables (1), et que surtout sans taire, sans amoindrir

(1) Le plus connu et le plus considérable des ouvrages relatifs au curé d'Ars est celui de M. Monnin, missionnaire. Fils spirituel du saint prêtre et son collaborateur, son compagnon assidu, il a été chargé par l'autorité diocésaine de recueillir tous les matériaux propres à faire connaître ses qualités, ses paroles et ses œuvres.

Ces deux gros volumes, recommandés d'une manière toute spéciale par Mgr Langalerie, édités déjà onze fois, connus, nous dirions mieux, étudiés par le clergé, n'ont rencontré aucune contradiction sérieuse. — D'autres écrivains, des pèlerins d'Ars, soit dans des livres, soit dans les journaux, ont aussi publié ce qu'ils savaient de cette belle vie, ce qu'ils avaient vu et entendu.

aucune des circonstances de cette existence sublime, on n'y oublie cependant jamais, qu'elle est destinée spécialement à de jeunes élèves qui ne sont pas tous appelés dans la carrière sacerdotale.

II

ÉTUDES PRÉLIMINAIRES DE LA VIE D'UN SAINT.

Le prêtre que les voix unanimes de la France ont depuis longtemps appelé le *saint curé d'Ars*, naquit à Dardilly, petite et charmante paroisse de 1,300 âmes, près de Lyon, le 8 mai 1786.

Lorsqu'on veut connaître un peu à fond la vie d'un de ces hommes qu'ont illustré leurs talents, leurs vertus et leurs œuvres, et principalement de ceux que

De ces divers documents se compose ce livre. Et dès lors avons-nous besoin de déclarer que puisque c'est là ce qui forme sa valeur réelle, non-seulement nous nous gardons de taire, mais encore nous mentionnons par une parenthèse explicite l'auteur qui nous a fourni le *passage textuel* prouvant la justesse de nos réflexions.

1..

l'Eglise propose à la vénération des peuples, on tient absolument à être renseigné sur la famille, l'époque, la localité qui le virent naître et grandir. De cette étude préliminaire jaillissent des lumières propres à éclairer les faits ultérieurs, les merveilles qui se présenteront successivement à l'admiration.

Ce personnage vraiment grand est-il né, par exemple, au sein de la misère, de parents indifférents ou même impies? ses plus jeunes années se sont-elles écoulées comme dans l'isolement et l'abandon? autour de lui constamment n'y a-t-il eu que des blasphèmes, des scandales, des provocations au vice? Alors avec quel intérêt, quelle émotion continuelle le lecteur étudie cette âme! Comme il se plaît davantage à la voir par l'énergie de sa volonté, par l'amour invincible de la vertu, par le secours divin qu'elle invoque sans cesse, faire constamment d'héroïques efforts pour triompher de tous les obstacles et arriver ainsi glorieuse à la tombe, laissant un nom qui finira peut-être par périr sur la terre, mais qui certainement vivra éternellement au ciel.

Que si au contraire, cet homme, dès sa petite enfance, a été l'objet des soins les plus assidus, des plus chrétiennes tendresses; si son oreille n'a entendu que de salutaires paroles et de saints conseils; si au foyer paternel il n'a jamais eu sous les yeux que d'admirables exemples, est-ce qu'un bien vif intérêt, quoique d'un genre un peu différent, ne nous attache pas aussi à cet homme faisant ainsi son entrée dans la vie ? Il reste fidèle à toutes ces prédications du bien ; il correspond avec ardeur à ces avances du ciel ; cette marche de plus en plus accusée et rapide dans le noble sentier qui lui a été ouvert, n'excite-t-elle pas au plus haut degré l'attention entière de notre esprit et de notre cœur ? Et quand, un peu plus tard, nous contemplerons cette douceur, cette modestie, cette patience, ce respect de Dieu, cette bienveillance pour tous qui se révélaient chez l'enfant privilégié, devenus bonté, pureté, résignation, piété, charité parfaites se mêlant, se fortifiant dans une divine harmonie et formant un assemblage sublime, digne du regard des anges ; lorsque, d'année en année, ces germes, entrevus, produiront des fleurs et des fruits d'une beauté de plus en plus rare, est-ce que nous ne suivrons pas avec une admiration croissante ces divers développements aboutissant à la perfection ?

Remarquons donc les débuts de la vie du curé d'Ars ; ils renferment, pour vous surtout, jeunes lecteurs, des leçons faciles et d'une très haute valeur.

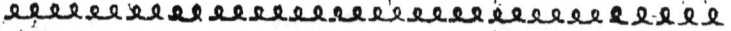

~~~~~~~~~~~~~~~~~~~~~~~~~~~~~~~~~~~~~~

III

NAISSANCE, FAMILLE, VERTUS PRÉCOCES DU CURÉ D'ARS.

Mathieu Vianney et Marie Beluze, le père et la mère du curé d'Ars, étaient simples cultivateurs à Dardilly, humble village, avons-nous dit, à 10 kilomètres de Lyon. Dieu, qui s'est engagé à verser ses bénédictions sur les familles qui l'aiment, accorda à ces vertueux époux six enfants; tous vécurent fidèles aux bonnes traditions du foyer paternel, et ceux de cette pieuse génération qui existent encore passent pour des modèles d'honneur et de piété. Le curé d'Ars était le troisième enfant.

Baptisé le jour même de sa naissance sous le nom de Jean-Baptiste-Marie, il avait été offert à Dieu et à

la très sainte Vierge avant de naître. Comme ses frères, il fut l'objet des soins les plus assidus de l'admirable mère qui l'allaitait elle-même. Cependant, parce
que dès ses premiers bégaiements il savait répéter
mieux que les autres les doux noms de *Jésus, Marie*,
qu'elle lui apprenait, et sans doute aussi à cause de
certains traits dans lesquels le cœur de la mère chrétienne sait trouver d'heureux pronostics pour son fils,
il obtint, paraît-il, une sorte de préférence. La preuve
se trouverait dans ces paroles, souvent sorties de la
bouche du saint prêtre lorsqu'il causait de ses parents, fréquent objet de ses souvenirs et de ses con-
versations. « Vois-tu, me disait souvent ma mère, qui
était si sage, n'offense pas le bon Dieu ; cela me ferait
plus de peine *que si c'était un autre de mes enfants.* »
(M. Monnin, p. 13.)

Douce et juste réciprocité d'amour maternel et de
piété filiale que Dieu voulait, car de cet échange il attendait un grand bien. Plus un dépôt a de valeur, plus
le dépositaire doit veiller sur lui. La prédilection de
Marie Beluze pour Jean-Marie commencera donc de
bonne heure. Elle sera d'autant plus vive que celui-ci
l'aura comprise presque dès le berceau. Devenu prêtre
et vieillard, il fera remonter vers elle le bien qui peut
se trouver en lui ; le sujet qu'il aimera à traiter sera
celui *des devoirs de la famille ;* enfin ses disciples at-
testeront qu'ils lui ont mainte fois entendu dire : « Un

enfant ne doit pas pouvoir regarder sa mère *sans pleurer*. » (M. Monnin, page 13.)

Ce qui pourrait montrer encore que cette préférence, qui honore à la fois ces parents et leur fils, était bien dans les desseins du ciel, c'est que, autour d'eux, loin d'en prendre ombrage, on l'acceptait avec bonheur. Ecoutez Marguerite, une des sœurs du saint prêtre, répondant naguère à une question faite à cet égard : « Ma mère était si sûre de l'obéissance de Jean-Marie que, lorsqu'elle éprouvait de la part de l'un de nous de la résistance ou de la lenteur, elle ne trouvait rien de mieux que d'intimer ses ordres à mon frère, qui obéissait sur-le-champ, et puis de nous le proposer pour modèle, en disant : Voyez, lui, s'il se plaint, s'il hésite ou s'il murmure ; voyez s'il n'est pas déjà loin. Il était rare que son exemple ne nous entraînât pas. » (*Deux humilités illustres*, p. 75.)

Dans un âge dont on ne peut préciser l'année, mais encore très tendre, Jean-Marie différait donc déjà de ses petits compagnons d'enfance. Ses biographes, le comparant au jeune Tobie, *en qui l'on ne trouvait rien de puéril*, disent que, souvent, au lieu de jouer, il se retirait pour prier Dieu dans un coin de la maison ; sa tenue à l'église était parfaite ; de lui-même il allait aux offices, aux prédications qu'on y faisait. Jamais de désobéissance à ses parents, d'altercations avec ses frères, d'inconvenances envers personne.

Deux faits caractéristiques de sa piété précoce sont

cités avec quelques détails, et l'un et l'autre se rap-
portent à son culte de la très sainte Vierge, culte qui,
nous le dirons bientôt, se manifesta chez lui à un degré d'amour et de confiance qui l'assimile *aux plus
dévots serviteurs* de la Reine des anges.

Le premier trait a rapport à un chapelet que lui
avait donné une religieuse, et dont il se plaisait fort à
dérouler les grains. « Il y a longtemps que vous aimez la sainte Vierge, lui disait un jour son prêtre
auxiliaire? — Avant même de la connaître, répondit-
il ; c'est ma plus vieille affection. Etant tout petit,
j'étais possesseur d'un joli chapelet : il fit envie à ma
sœur ; elle voulut l'avoir. Ce fut là un de mes premiers
chagrins. J'allai consulter ma mère, elle me conseilla
d'en faire l'abandon pour l'amour du bon Dieu. J'o-
béis, mais il m'en coûta bien des larmes. (M. Monnin, p. 16.)

La seconde preuve de cette précoce dévotion à
Marie, fut son attachement pour une petite image en
bois de cette divine mère. Est-il vrai que, sentant
déjà le prix d'un tel objet, loin d'en faire un objet de
curiosité simple, d'un charmant joujou, il y puisait la
patience, l'amour de ses parents dans la mesure de la
légèreté et des petites peines inséparables de l'enfance ; c'est ce qu'assurent ses biographes et ce qu'in-
diquent ses propres paroles : « Oh! que j'aimais cette
statue! Je ne pouvais m'en séparer ni le jour ni la
nuit, et je n'aurais pas dormi tranquille si je ne l'a-

vais pas eue à côté de moi dans mon petit lit. »
(M. Monnin, p. 14.)

Les anecdotes les plus naïves et les plus touchantes
sont racontées sur l'usage que faisait Jean-Marie de
sa bien chère image. Nous n'en reproduirons qu'une,
parce que nous y voyons les prémices de ces miracles
que sa confiance absolue dans sa bonne Mère obtien-
dra un jour.

Parvenu à l'âge de neuf à dix ans, il allait travailler
aux champs avec François, son frère aîné, qui, étant
plus robuste, avançait plus vite l'ouvrage lorsqu'il
s'agissait de façonner la vigne au boyau. Jean-Marie
se plaignait quelquefois à ses parents que François
allait trop vite et qu'il ne pouvait le suivre.

« Or, voici que, muni de sa statuette, décrit Marguerite, sœur survivante du curé d'Ars, mon frère crut
y trouver un renfort et un soutien contre l'activité de
François. La première fois qu'on les envoya à la vigne il eut soin, avant de commencer sa passée, d'y
jeter bien avant l'image, et, en avançant vers elle, de
prier la sainte Vierge de l'aider à atteindre son frère.
Parvenu à l'image, il la ramassait le plus vite possible, la jetait de nouveau, reprenait son boyau, priait,
avançait à l'égal de François, qui, étonné, alla dire à
notre mère, le soir, que la sainte Vierge avait bien
aidé Jean-Marie, car *il avait fait autant que lui.*
(M. de Montrond, p. 16.)

Ces détails nous font suffisamment connaître

M. Vianney dans ses jeunes années ; les tristes scènes qu'il va avoir sous les yeux, le spectacle des vertus nouvelles que lui donnera sa famille, vont en même temps mûrir vite et son intelligence et sa foi.

IV

LE JEUNE BERGER. — RÉVOLUTION DE 93.

Mathieu Vianney et les siens n'avaient pour fortune que le produit de leurs bras et d'une petite propriété. Jean-Marie fut donc de bonne heure obligé d'aider à gagner le pain du ménage. Trop faible pour manier la pelle ou la pioche, il fut d'abord berger.

Pour soupçonner ce que cette âme d'élite dut acquérir de vertus et de piété dans cette intimité, dans ces *soliloques* de la paisible solitude des champs, rappelons-nous que là plusieurs saints illustres ont fait l'apprentissage de leur vie admirable ; là, Dieu a parlé intimement au cœur d'Abel et de tous les imitateurs de son innocence dans la suite des siècles. Ce qui est certain, c'est que Jean-Marie n'oublia jamais cette douce école, ce premier état. Après soixante ans il aimera à rapprocher ces occupations de celles qui lui ont été imposées depuis. « Que j'étais heureux lorsque je n'avais à conduire que mes quatre ou cinq vaches, mes trois brebis et mon âne! — Dans ce temps là je pouvais prier Dieu tout à mon aise, je n'avais pas la tête cassée comme à présent ; c'était l'eau du ruisseau qui n'a qu'à suivre sa pente, quand je cultivais les champs, je priais tout haut! Si, maintenant que je cultive les âmes, j'avais le temps de penser à la mienne, de prier et de méditer, que je serais content! » (M. Monnin, p. 46.)

Regrettons que lui seul, qui aurait pu dire toutes les faveurs célestes accordées à son enfance, n'ait pas voulu les révéler plus en détail ; qu'il n'ait pas raconté ce qui a dû quelquefois se passer lorsque, rassemblant ses petits compagnons autour d'un monticule, il leur prêchait les sermons qu'il avait entendus, leur apprenait les prières, les faisait répondre aux litanies qu'il savait, et passons à ce qui avait lieu alors sous son toit paternel.

Oui, maintenant, jeunes lecteurs, pour peu que vous réfléchissiez sur les faits dont nous donnons la froide analyse, vous devrez comprendre ce que gagna en sagessse et en charité l'âme de ce pieux adolescent pendant les tristes journées qui terminèrent le dix-huitième siècle.

La révolution triomphait, c'est-à-dire, l'enfer déchaîné contre Dieu et son Christ, saccageait ou fermait les temples, égorgeait ou exilait les prêtres, martyrs de leurs engagements. Au sein de ces montagnes et de ces forêts voisines de la frontière suisse, et plus dans la chaumière du pauvre que dans le château du riche, trop en vue, trop suspect, les ecclésiastiques, les religieux et les religieuses cherchaient un abri contre la persécution. Au nombre de ces familles hospitalières, dévouées à l'Eglise et à ses ministres, de ces âmes pleines de foi et de courage, dont les noms resteront à jamais glorieux dans les annales de la France catholique, au nombre de ces héros, de ces défenseurs de la foi, les Vianney figuraient en première ligne. Dardilly en conserve un souvenir très vivant encore ; les vieillards, causant de ces temps de triste mémoire, en font toujours une mention exceptionnelle.

Le père et la mère de Jean-Marie, non-seulement logeaient, nourrissaient avec une pieuse générosité les membres du clergé ou des communautés que la Providence leur envoyait, mais encore, au péril de leur vie, ils favorisaient leur évasion du grand diocèse lyonnais si cruellement éprouvé. Ils protégeaient leur passage, leur séjour parmi eux ; enfin ils contribuaient à procurer à la paroisse veuve de son pasteur le bienfait inestimable des bénédictions, des prédications, des prières liturgiques et des sacrements, au moyen de prêtres adroitement soustraits à l'œil de leurs persécuteurs. Là, les âmes qui, comme eux, ne voulaient à aucun prix d'un prêtre *jureur*, s'entendaient et trouvaient une cave, une grange, un grenier, quelque taillis épais, où un vrai prêtre accomplissait les fonctions saintes, le plus souvent après le coucher du soleil ou avant l'aurore. Du reste, cette page navrante, mais glorieuse de notre histoire, est assez connue: A quelques exceptions près, la France offrait partout le même double spectacle.

Or, Jean-Marie voyait toutes ces choses ! Avec ses parents, il essuyait les larmes qui coulaient devant lui. Il prenait part à tout ce qui pouvait consoler l'Eglise et déjouer les machinations de l'impiété. Et quand la sainte messe manquait à Dardilly, quels sacrifices au-dessus de ses forces on lui eut imposé si on avait voulu l'empêcher de courir à Ecully, paroisse distante d'une lieue, où il savait qu'à telle heure, à tel endroit, un prêtre *insermenté*, c'est-à-dire fidèle, célébrait les divins mystères. Etait-ce la nuit ? il le préférait, car il se doutait que le rendez-vous devait être plus méritoire.

Enfin, ce fut pendant ces jours d'épreuves qu'il put, en cachette, recevoir d'une religieuse les leçons du catéchisme préparatoire de sa première communion.

Ce grand acte de la vie chrétienne, cette solennité

que nul n'oublie jamais, eut lieu pour lui dans une GRANGE !

Une GRANGE pour temple ! Ici un souvenir de l'histoire de saint Augustin s'impose à notre plume. Quelque différence d'âge, de dispositions, de talents qui puisse se trouver entre le savant professeur de Milan atteignant sa 32e année et hésitant encore à demander le baptême, et le candide et illettré berger de Dardilly, le rapprochement de leurs deux noms nous semble se faire de lui-même.

Le grand évêque d'Hippone nous dit que ce qui acheva de le détacher de l'erreur, ce fut le spectacle qu'il eut sous les yeux pendant qu'il était avec sa mère dans la basilique Porcienne. Là, nuit et jour, les catholiques veillaient pour défendre l'évêque Ambroise, menacé par l'impératrice Justine. Il était présent lorsque la soldatesque arienne, le pressant violemment de sortir, le saint pontife, du haut de son autel, répondait par ces sublimes paroles : « Si le prince me demandait ce qui est à moi, mes terres, mon argent, je ne les lui refuserais pas, quoique tout ce que je possède appartienne aux pauvres ; mais il n'a aucun droit à ce qui appartient à Dieu. Voulez-vous mon patrimoine, vous pouvez le prendre ; si vous demandez mon corps, je suis prêt à vous le livrer ; si vous avez dessein de me mettre à mort, vous n'éprouverez de ma part aucune résistance. Je n'aurai point recours

à la protection du peuple ; mais je sacrifierai ma vie
pour la cause des autels. »

Augustin ne pouvait, sans une vive douleur, voir
la religion de Monique aussi brutalement persécutée,
et si pieusement, si vaillamment défendue. Chaque ou-
trage prodigué au Dieu de sa mère, non moins que
chaque témoignage d'amour et de dévouement pour la
Croix, étaient autant d'aiguillons qui le poussaient
vers elle. De là ses immortelles pages où, nous disant
qu'en vain il interrogeait l'histoire et ses propres souvenirs, ni le paganisme, ni la philosophie, ni l'hérésie
ne lui offraient en fait de patience, de douceur, de
grandeur d'âme, rien de comparable à ce qu'il avait
sous les yeux. De là, chez le savant, le divin évêque
d'Hippone, le souvenir impérissable « de ces spectacles
qui faisaient jaillir de son âme, violemment remuée,
des torrents de pleurs. »

Eh bien! lui aussi, le saint curé d'Ars, s'il nous avait
laissé *ses confessions,* nous aurait dit ce que, simple
berger, timide adolescent des campagnes, sachant à
peine lire, il avait eu de *torrents de pleurs dans l'âme*
pendant ces jours d'odieuse et sacrilége mémoire. Il
nous eut dit ses impressions en voyant ces allées et
venues secrètes ou nocturnes des persécutés et des
persécuteurs de la foi, ces mots d'ordre donnés et
observés dans l'ombre et le silence ; en se rappelant
les commissions confiées à sa discrétion, les recommandations des prêtres, les insultes qu'il recevait,

déjà espionné comme un *petit dévot*, les insolences et les brutalités des mandataires du COMITÉ DU SALUT-PUBLIC, etc., etc. : tous ces faits se groupant autour du souvenir de sa première communion dans une GRANGE !

Ce qui est sûr, c'est que, dans ses causeries familières et dans ses catéchismes, il ne rappelait jamais sans une sensible émotion ces attentats contre le ciel et ces actes de foi héroïque ; là surtout, en voyant le bien opéré par de bons prêtres, il avait souvent demandé à Dieu le bonheur de le devenir, et contre toute espérance humaine, il lui était accordé de l'être bientôt.

IV

SES PRÉPARATIONS AU SACERDOCE.

La tourmente révolutionnaire commençait à s'apaiser ; çà et là des temples se rouvraient, quelques pasteurs revenaient au milieu de leurs ouailles.

Ecully fut une des paroisses plus tôt récompensées du ciel. Pendant la terreur, ses pieux habitants avaient sauvé de l'exil ou de la mort plusieurs ministres du sanctuaire, et l'un d'eux en devint curé, le P. Charles Balley, génovéfain.

Dès le premier jour de sa nomination, cet infatigable prêtre s'occupa activement à recruter et à former des âmes pour le ministère sacerdotal. Partout la persécution, sous ses diverses formes, avait décimé le clergé. Si des sanctuaires étaient rendus au culte, si des autels se redressaient çà et là, on cherchait en vain un clergé suffisant pour y exercer même les fonctions les plus nécessaires. Etat malheureux de notre belle Eglise de France, qui, longtemps encore, a produit et produira des résultats lamentables! Conjurations sataniques de l'immoralité et de l'hérésie armées contre Jésus-Christ. Elles ont trouvé des continuateurs chez nous à la moindre révolution politique, et, dans ce moment même, elles désolent la Pologne, l'Italie, l'Espagne, prenant toujours pour point de mire le Siége de Pierre, qu'elles broieraient si Celui qui l'a fondé n'avait pas dit : *Contre lui les portes de l'enfer ne prévaudront jamais !*

L'abbé Balley, dont la réputation de haute vertu, s'étendait à Lyon, où il avait habité longtemps, et dans les environs d'Ecully, son refuge, fut promptement mis en rapport avec Dardilly. Connaissant déjà Jean-Marie, dont il avait admiré la tenue autour de son autel ou de sa chaire ; il put dès lors l'observer davantage. De son côté et à son insu, l'adolescent lui fournissait mieux l'occasion de l'étudier. Pas une cérémonie importante à laquelle il n'accourût, même pendant la semaine. Son père était-il malade, « permettez-moi, lui disait il, d'aller encore aujourd'hui à Ecully : une lieue est bientôt faite ; je réciterai tant de *Pater* et d'*Ave*, qu'il faudra bien que vos douleurs cessent. » (M. Monnin, p. 58, 1er vol.)

Il approchait de sa dix-huitième année lorsque l'abbé Balley lui demanda s'il voulait devenir prêtre. Quoique résultant d'observations faciles, quoique née pour ainsi dire d'elle-même, cette question honorera à jamais la mémoire de celui qui l'a adressée. Lorsqu'on prononcera le nom du curé d'Ars, instantanément viendra sur les lèvres le nom du religieux genovéfain qui a donné à l'Eglise de France une de ses gloires. Le bien immense que l'élève produira remontera toujours dans ses premières causes, vers son introducteur dans le sanctuaire. D'ailleurs, nous allons voir avec quelle persévérance l'abbé Balley chercha et obtint la réponse à la question que le ciel lui avait suggérée.

Reprenons : Devenir prêtre ! Certes, humainement parlant, la proposition ne semblait guère acceptable au jeune paysan. L'Eglise, en effet, gémissait encore de bien des maux, sur bien des ruines ; le clergé, objet de la haine des impies contenus par la main de fer de

Napoléon, mais non pas réconciliés et désarmés, — la
haine contre l'Eglise ne se calme, ne désarme jamais, — avait perdu ses biens et n'avait en perspective
qu'une modeste aisance toute précaire. Le saint pape
Pie VI, traîné de ville en ville comme un malfaiteur,
venait, le 29 août 1799, de mourir à Valence. Et ce
dernier acte de la Révolution qu'elle prenait pour une
victoire et qui fut sa défaite, n'avait pas seulement
jeté la terreur dans le département de la Drôme, mais
encore dans la France entière.

Oui, ô mon Dieu ! quel avenir semblait réservé à
votre Eglise en présence de cet octogénaire resplen-
dissant de la double auréole de la vertu et du malheur et écroué dans une prison, sur les portes de laquelle était placardé un arrêté relatif à l'*état d'arres-*
tation du ci-devant pontife !

Assurément, répétons-nous, rien de tout cela n'é-
tait capable de séduire un jeune homme qui, sans
quitter la condition de ses parents, voyait son pain
assuré. Mais, justement aussi, quoi de plus propre à
pousser dans la carrière sacrée celui qui, tout enfant,
s'était écrié maintes fois : Oh ! si j'étais prêtre ! —
Comme j'aimerais à sauver les âmes ! — Que je vou-
drais faire quelque chose pour Jésus et la sainte
Vierge !...

Heureux de la proposition qui lui était adressée,
Jean-Marie s'en ouvrit à ses parents. Le lecteur les
connaît assez pour comprendre que, s'ils présentèrent

à leur bien-aimé fils les objections que nous venons d'indiquer, ils avaient une piété trop intelligente e t trop généreuse pour y insister. Qu'on le remarque bien, au contraire, de leur part il y avait et ne pouvait y avoir qu'une chance de sacrifices, de temps et d'argent improductifs.

En effet, chez Jean-Marie ne se trouvait aucun de ces dons brillants de l'intelligence dont les parents sont avides et fiers parce qu'ils les portent à rêver pour un fils fortune et honneurs. Peu d'imagination, peu de hardiesse, peu de facilité naturelle, voilà, oserions-nous dire, le mince lot du candide jeune homme, si un jugement net et sain, un bon sens exquis au service d'un des cœurs les plus aimants n'étaient pas un partage d'une très haute valeur, et si surtout les lumières divines, agrandissant ce peu, ne devaient pas bientôt en former un tout supérieur à toutes les sciences humaines.

Pour faire ses études, il dut aller se loger chez des parents maternels. N'eût été crainte d'humilier sa famille, c'eût été, dans Dardilly, à qui aurait appartenu le bonheur de fournir aux dépenses du doux et laborieux élève. Seule « une pieuse veuve d'Ecully demanda comme une faveur et obtint la charge gratuite de blanchir le linge et tenir en ordre le trousseau de Jean-Marie. » (M. Monnin, p. 62.)

Le voilà donc commençant les classes de latinité à l'âge où beaucoup d'autres les ont terminées. Il ne sait pas même lire couramment dans son paroissien ; sa conception est lente, sa mémoire rebelle. ussi, malgré les plus affectueux encouragements de son maître, perd-il bientôt l'espoir d'arriver. En vain ne prend-il aucune récréation, travaille-t-il nuit et jour, ses progrès sont presque nuls. Que fera-t-il ? S'obstinera-t-il à vouloir entrer dans cette carrière où son ardente piété elle-même semble lui dire que Dieu ne le veut point ? Non, non, il ne reviendra pas en arrière sans avoir obtenu quelque réponse du ciel.

Connaissant déjà mieux l'esprit que la lettre de son catéchisme, il sent que si la prière est un devoir rigoureux du chrétien, elle est aussi une force, une puissance pour l'âme qui croit et espère fermement. Il a compris, il a déjà expérimenté cette parole du Sauveur, qu'il a entendue dire et commenter : « Si vous aviez de la foi gros comme un grain de sénevé, vous transporteriez des montagnes. » Et alors il se décide à demander directement à Dieu ce que son application ni la science de son professeur ne sauraient lui donner.

A cette époque, le pèlerinage au tombeau de saint François-Regis avait cette célébrité qu'il n'a point perdue de nos jours. Ce pauvre missionnaire qui, de son vivant, avait mérité le nom d'apôtre du Velay et du Vivarais, voyait accourir en foule à la Louvesc des âmes qui savaient que la puissance qu'il avait exercée sur les cœurs et les corps malades ayant re-

cours à lui, n'était point scellée sous sa pierre sépul-
crale.

Jean-Marie, approuvé en cela par son confesseur,
se met en route à pied et mendiant de porte en porte
son gîte et son pain. Il n'a jamais parlé de cet épisode de sa vie sans dire qu'il ne pensait pas recevoir
tant d'humiliations. A ses demandes répondait souvent un refus grossier, quelques-uns lui jetaient à la
face les noms de *fainéant*, de *vagabond*, de *voleur* !
Mais ces affronts, ces privations pénibles et inatten-
dues furent agréables à Dieu. Ce Dieu qui départit la
sagesse et la science à qui et comme il veut, qui, dans
quelques années, donnera au curé d'Ars la connais-
sance la plus intime des hommes et des choses, une
pénétration, un discernement qui feront de lui la lumière et le guide non-seulement d'une multitude de
fidèles, mais encore des plus dignes prêtres apparte-
nant même à des diocèses hors de France, ce Dieu a
répondu soudain à l'appel qui lui est adressé sur les
restes sacrés d'un de ses prêtres.

« Saint François-Régis auquel, par reconnaissance,
il a voué depuis un culte très dévot, lui obtint de Dieu
la grâce qu'il désirait au point d'étonner son maître
et ceux qui avaient le plus désespéré du succès. A da-
ter de ce jour les difficultés s'évanouirent comme par
enchantement ; l'arbre de la science eut des fruits
moins amers, et celui qu'on avait cru incapable ne
trouva plus rien dans la culture des lettres qui fût au-

dessus, sinon de son intelligence, du moins de son courage. » (M. Monnin, p. 67.)

Destinant ces pages à l'adolescence, nous nous reprocherions de passer sans appeler sa réflexion sur ce fait. Dans les établissements les moins religieux, croyons-nous, classes et études sont précédées d'une invocation à l'Esprit saint, à Marie. Que ce ne soit donc point par un acte machinal d'obéissance, par manière d'acquit, sans affection, sans recueillement que se fasse au moins cette très courte prière. Car si pour tous le travail est une peine, une contrainte, un châtiment, il l'est encore plus pour cet âge qui aime les jeux, l'animation, la liberté entière de suivre ses goûts du moment. Mais alors comment s'attacher au travail s'il n'y trouve que difficultés et dégoût ? Si, après de rudes et longues heures d'application, on n'a rien appris, rien découvert, si, dix mois révolus, l'ignorance reste ce qu'elle était au premier jour qui les a commencés ? en vain les murailles de l'école seront-elles ornées du *Labor improbus omnia vincit* :

Le travail opiniâtre vient à bout de tout. Oh ! n'est-il pas vrai que ce ne sont là que des mots à effet, une sentence sonore et creuse. Est-ce que pour nous décider à préférer le dur labeur au plaisir facile, la gloire de cette victoire toujours douteuse est suffisante ? Est-ce que, sans la pensée qu'en travaillant, on ne fait qu'accomplir une impérieuse loi de Dieu, la nature révoltée par l'obstacle et sans dédom-

magement immédiat et certain, ne succombe pas de dé-
faillance ou de colère ? Est-ce qu'enfin, sans le rayon
divin pénétrant notre faible science, nous ferions autre
chose qu'entasser en nous des ténèbres d'où notre fol
orgueil extrairait le malheur des autres et notre propre
malheur ?

Oui, la prière ! Aimez la prière, car c'est elle, elle
seule qui inspire, qui soutient le travail, elle seule, qui
en le sanctifiant, en décuple l'énergie et la fécondité.
Telle fut la méthode d'études de Jean-Marie, telle soit
la nôtre.

V.

LE PRESBYTÈRE D'ÉCULLY.

Les souvenirs qui se rattachent à Jean-Marie, élève
externe du presbytère d'Écully, sont les plus édifiants.
Jamais on ne le vit se mêler à aucune fête mondaine.
Sa classe, sa cellule et l'église composaient presque sa

demeure absolue. Plein de respect et de reconnaissance
pour ses hôtes, il ne les contredisait que s'ils cherchaient à lui rendre la vie trop douce. Pourquoi n'en
analyserions-nous pas, pour le prouver, ces humbles
détails que n'ont pas dédaigné de raconter ceux qui
en étaient témoins. « Ayez soin, répétait-il, de ne
mettre dans ma soupe ni lait ni beurre, ces assaison-
nements me déplaisent. » Lui obéissait-on, le don
d'une image, d'une médaille, disait à ces bonnes gens,
d'une piété non moins naïve que la sienne, son bonheur et sa gratitude ; faisait-on le contraire, sa figure
s'assombrissait. « Il mangeait sa soupe comme si chaque morceau eût dû l'étrangler. (M. Monnin, p. 69.) »

Sous le toit paternel, Jean-Marie s'apitoyait sur
toutes les misères, sur toutes les larmes ; maintefois
on l'avait vu, petit enfant, ramener avec lui les pauvres qu'il rencontrait et demander pour eux quelque
gîte dans la maison, partager avec eux ses modestes
repas. Or, pendant les cinq ou six années de son séjour à Ecully, cette charité ne fit que grandir et re-
vêtir un caractère plus chrétien et plus visiblement
surnaturel. Ses protecteurs en auraient murmuré, lui
en auraient fait des reproches si la manière dont il se
constituait mendiant lui-même n'avait soudain changé
en eux le mécontentement en admiration.

Citons un trait de cette charité. Mais d'abord, pour
ne pas exagérer la doctrine de l'Eglise comme le font
les philosophes, afin de la livrer plus sûrement à la

risée et au mépris des âmes simples, rappelons qu'elle ne nous présente pas la vie des saints comme des modèles que nous devons, sous peine de péché, reproduire de point en point en nous-même. Elle veut que ces vies soient avant tout des encouragements à notre mollesse, des aiguillons pour notre lâcheté ; nul ne sera damné pour ne point en avoir fait autant. Cela dit préalablement, mentionnons cette action du curé d'Ars ; ainsi qu'une multitude d'autres qui l'élèvent singulièrement au-dessus de nous, elle nous montre chez lui les caractères de la perfection évangélique, ce mystérieux partage de quelques âmes.

« Un jour, nous est-il dit, trouvant un pauvre homme cheminant sans chaussures, il lui donne les siennes sans qu'elles lui soient demandées, et s'en retourne en plein jour chez lui les pieds nus. » (Plusieurs biographies.)

Quelle sera cette charité le jour où il sera maître absolu de sa bourse ?...

ℓℓℓℓℓℓℓℓℓℓℓℓℓℓℓℓℓℓℓℓℓℓℓℓℓℓℓℓℓℓℓℓℓℓℓℓℓℓℓ

VI

LA CONSCRIPTION. — FAITS QUI S'Y RAPPORTENT.

Que sait l'homme qui n'a pas été éprouvé, disent nos Saints Livres. L'épisode suivant de la vie du digne prêtre est marqué au coin d'une de ces épreuves qui produisent la science.

Il continuait d'étudier, lorsque, atteint par la conscription, il est désigné pour soldat. C'était en 1809. Il devait se rendre à Bayonne pour de là rejoindre son régiment en Espagne.

Et les circonstances et les événements se compliquèrent de telle sorte que deux ans avant sa mort, honoré de la croix de la légion d'honneur, il disait avec sa fine bonhommie : « Je ne comprends pas que l'empereur me décore, à moins que ce ne soit pour avoir été *déserteur*. »

Beaucoup de renseignements ont été recueillis et discutés pour justifier cette *désertion*. Pour nous, nous laisserons à l'autorité de l'Eglise le jugement sur elle, nous permettant seulement cette réflexion : Pourquoi Dieu, maître suprême de ses créatures, ne s'en réserverait-il pas, et cela malgré les oppositions humaines, quelques-unes pour ne servir que lui ? Quelle autorité sur la terre a le droit de lui interdire les moyens de réaliser ses desseins providentiels ? L'enrôlement militaire de Jean-Marie eût probablement brisé sa carrière. Or, qui dira si ce numéro d'inscription ou ce certificat d'exemption omis, si cette maladie qui l'arrête sur un lit d'hôpital à Lyon, si cet éloignement involontaire de sa route qui le jette et le retient dans un village où tout le monde l'aime et cherche à le cacher, si ces fonctions d'instituteur que, devenu monsieur *Jérôme*, il remplit clandestinement aux Noés ; si enfin sa dette envers l'Etat, acquittée par son frère François qui va mourir dans la désastreuse campagne de Russie ; oui, qui dira si toutes ces circonstances n'ont pas été directement voulues de Dieu, et par conséquent si, loin de former une ombre au magnifique tableau de sa vie, elles n'en sont pas au contraire une des beautés ?

Quoi qu'il en soit décidé, cette page de la biographie du saint curé nous offre un deux enseignement : Si, pour certains cœurs la reconnaissance est un fardeau dont on cherche à se débarrasser, pour d'autres

elle n'est qu'un besoin irrésistible, un bonheur jamais
satisfait. Une veuve Fayot avait été sa zélée protec-
trice pendant ces jours difficiles. Or, qu'on remarque
la lettre suivante, retrouvée par hasard, et les mon-
dains verront si, pas plus que les saints, le curé
d'Ars a manqué de la mémoire du cœur. En même
temps que cette page témoigne du peu de cas que,
sciemment ou non, il faisait des règles de la littérature
et du style épistolaire — et qu'aussi bien nous ne re-
produisons pas comme modèle du genre, elle montre comme dans une âme sainte *les bienfaits reçus se
gravent profondément.*

Ars, 1ᵉʳ novembre 1823.

« Madame mère Fayot,

» Je ne pourrais vous exprimer la joie que je ressens
de vous écrire tous les ans. Je méditais le moyen de
pouvoir vous aller voir pour vous témoigner de nouveau ma reconnaissance pour tous les bienfaits que
vous m'avez prodigués pendant mon temps de tristesse
et de bannissement. Quoique je sois très éloigné de
vous, je vous assure qu'à chaque instant vous êtes
dans mon esprit, et principalement pendant la sainte
messe, où je demande à Dieu de vous consoler dans
vos maladies et vos peines qui, je pense, sont bien
grandes. . . . .

» Peut-être vous avez pensé que, ne vous écrivant

pas, je ne pensais plus à vous, et que j'avais déjà oublié tout ce que vous avez fait pour moi. Non, ma chère bienfaitrice, vos bienfaits sont si profondément gravés dans mon cœur qu'ils ne s'en effaceront jamais. Je pense souvent à vos braves enfants, qui étaient pleins de bonté pour moi. Je les prie bien de penser à moi dans leurs prières ; je ne les oublierai pas.

« Ma bonne mère, pour ce que vous me devez, je vous le donne de bon cœur. J'attendais toujours d'aller chez vous pour cela. Je vous prierai seulement, si la pauvre P... est encore en vie, de lui donner quelque chose, en lui disant de penser à moi dans ses prières, et aussi à la bonne D..., qui peut-être est bien misérable. Je me souviens toujours de ce qu'elle me fit quand je partis. . .. .

» Vous direz, s'il vous plaît, à tous ceux que j'ai eu le bonheur de connaître aux Noës, que je leur présente mes respects et mes sentiments de reconnaissance. Elles diront à ce bon garçon qui me donna de quoi faire mon voyage, que je pense bien à lui. Vous direz à M. F... et à tous ceux de sa maison que je n'ai pas oublié leurs bienfaits...

» J'espère que l'été prochain j'irai vous voir. Si l'un de vos quatre enfants pouvait venir dans ma Bresse, je serais bien content : j'aurais bien du plaisir à recevoir ceux qui m'ont fait tant de bien. Je suis dans une petite paroisse pleine de religion, qui sert le bon Dieu de tout son cœur. » Ici, M. Monniu, mieux à même que qui que ce soit d'apprécier l'amélioration religieuse d'Ars, met en note : *Ceci prouve le bien qui s'était opéré à Ars depuis l'arrivée de M. Vianney.*

» Je finis, ma bonne mère, en vous priant de présenter mes très humbles respects à M. votre respectable curé, en lui disant combien je lui suis redevable de ses bienfaits dans mon temps d'exil.

» Ma bienfaitrice , agréez tout ce que mon cœur est capable de vous témoigner. »

Disons, une fois pour toutes, qu'ainsi sentait, ainsi parlait et écrivait le curé d'Ars. L'esprit, l'imagination n'ont rien à faire avec lui. Pas la moindre recherche du mot, peu lui importe l'incorrection, le trop laisser-aller de la plume, il répète et répète encore, parce que son cœur ne croit jamais avoir assez dit. Admirable simplicité que les académiciens ne couronneraient pas, mais, dirait le grand évêque d'Hippone, *donnez-moi une âme aimante, elle sentira de telles paroles.*

VII

CONTINUATION DES ÉTUDES DE JEAN-MARIE. — IL EST ORDONNÉ PRÊTRE.

Plus Jean-Marie avance dans la vie, plus il est aisé de trouver des témoins et des documents précis de ce qu'elle a eu d'extérieur ; d'extérieur, répétons-nous. Car, combien de saintes choses restent dans le secret de Dieu devant qui ses macérations, ses prières, ses jeûnes ont tant expié pour les pécheurs, et des âmes qu'il a guéries ou ressuscitées ?

Libre du service militaire, Jean-Marie, sur les conseils de l'abbé Ballay, alla suivre, en 1813, le cours de philosophie au petit séminaire de Verrières, près Montbrison. L'on conçoit aisément qu'après des études si courtes et si interrompues , s'il s'y fit remarquer, ce ne fut point par la supériorité d'aptitude et de savoir. Mais comme il compensait largement cette absence de brillantes qualités intellectuelles ! Un prêtre éminent, dit M. de Montcoud, racontait, il y a quelques années, à Paris, qu'il avait été condisciple de M. Vianney, et il s'exprimait ainsi : « Il était si humble, si doux, si naïf que nous l'avions surnommé dédaigneusement *le simple*, et nous supposions à peine, nous, *les forts, les savants*, qu'il eût la capacité suffisante pour recevoir les ordres. Aujourd'hui *lui est un saint et nous ne sommes rien.* »

Ainsi était-ce Dieu qui, comme visiblement, voulait lui ouvrir les portes du sanctuaire ? Cela, toutefois, ne signifie pas que, pleins d'admiration pour ses vertus éminentes, ses meilleurs maîtres eussent obstinément contribué à les lui fermer. Oh ! non, la piété solide qui, chez un jeune homme, se révèle par une vie d'une pureté parfaite, est un signe trop évident de la vocation sacerdotale pour qu'un peu plus tôt, un peu plus tard, ici ou là, ne lui soit pas confié le salut de quelques âmes. Tous dans l'Eglise ne sont pas plus appelés à être *docteurs*, que dans une armée tous à être des généraux aptes aux mêmes fonctions.

Mais enfin c'était par la voie des humiliations que Jean-Marie devait arriver au sacerdoce, objet souverain de ses vœux et de ses prières. Sorti de Verrières et préparé ensuite pendant deux années aux examens de théologie par M. Balley, il va subir cette épreuve au grand séminaire de Lyon. Mais « devant

l'attitude froide et imposante des examinateurs, le timide théologien se troubla, il perdit tout aplomb et
ne sut que balbutier en rougissant des réponses in-
cohérentes, quelques mots sans suite et sans portée. »
(M. Monnin, p. 118.) Humiliation poignante, mais
non moins dure anxiété pour sa conscience si timorée !
Non, il n'insisterait pas si, sur les recommandations
de son vénéré maître, ses supérieurs, l'étudiant de
plus près et mieux éclairés, ne lui défendaient le dé-
couragement et la crainte. Les rôles se changeaient.
L'autorité sentait qu'elle n'avait plus à arrêter, mais au
contraire à faire avancer ce théologien. Il a donc reçu
la tonsure, puis les ordres mineurs.

Il faut maintenant se présenter au sous-diaconat.
Les plus étrangers à l'administration ecclésiastique sa-
vent avec quelle prudence agit l'autorité diocésaine
lorsqu'elle a à décider si un lévite doit contracter cet
engagement qui l'enrôle à tout jamais dans la milice
sacrée.

Vainement Jean-Marie a, dans la mesure du possible, redoublé d'ardeur à l'étude, il est interrogé de
nouveau et son examen laisse à désirer...

Mais son maître vénéré, mais d'éminents prêtres
se font, pour ainsi dire, sa caution. L'autorité est encore embarrassée. Cependant en examinant à son tour
de plus près ce candidat *peu fort*, quelque chose la
décide malgré elle. « Puisque c'est un modèle de piété,
conclut le vicaire-général de Lyon, admettons-le, la

grâce fera le reste. » Oui, la grâce, qui avait commencé la seule science vraiment nécessaire de Jean-Marie dès le berceau, achèvera celle qu'il faut à un bon prêtre.

Il fut donc ordonné sous-diacre le 2 juillet 1814, diacre en 1815, et le 9 août de la même année élevé à la dignité sacerdotale ; il avait, à cette dernière date, 29 ans.

A aucun de ses collaborateurs ni de ses disciples il n'a révélé ce qu'il sentit, ce qu'il dit, ce qu'il promit à Dieu pendant ces heures solennelles de consécration absolue à son service. Mais, extrayons seulement quelques pensées recueillies de ses catéchismes ou prônes, et cela suffira si nous remarquons qu'il ne parlait jamais du prêtre et de sa grandeur incomparable sans un attendrissement qui, le plus souvent, s'exprimait par des larmes.

« L'ordre est un sacrement qui semble ne regarder personne parmi vous, mes enfants, et qui regarde tout le monde. Qu'est-ce que le prêtre ? Un homme qui tient la place de Dieu, qui est revêtu de tous les pouvoirs de Dieu.

« Lorsque le prêtre remet les péchés, il ne dit pas : Dieu vous pardonne, il dit : « Je vous absous. » A la consécration, il ne dit pas : Ceci est le corps de notre Seigneur, il dit : « Ceci est mon corps. »

« Tout nous vient par le prêtre : oui, tous les bonheurs, toutes les grâces, tous les dons célestes.

» Vous ne pouvez pas vous rappeler un seul bien-fait de Dieu sans rencontrer, à côté de ce souvenir, l'image du prêtre.

» Oh ! que le prêtre est grand ! Il ne se comprendra bien que dans le ciel... si on le comprenait sur la terre, on mourrait non de frayeur, mais d'amour...

» Après Dieu, le prêtre c'est tout ! Laissez une paroisse vingt ans sans prêtre : on y adorera les bêtes.

» Lorsqu'on veut détruire la religion on commence par attaquer le prêtre, parce que là où il n'y a plus de prêtre, il n'y a plus de sacrifice ; et là où il n'y a plus de sacrifice, il n'y a plus de religion.

» Si je rencontrais un prêtre et un ange, je saluerais le prêtre avant de saluer l'ange. Celui-ci est l'ami de Dieu ; mais le prêtre tient sa place. Sainte Thérèse baisait l'endroit où un prêtre avait passé. »

Ses paroles sur le sacerdoce recevaient leurs commentaires dans toutes ses relations avec ses confrères. Avec quel respect il les accueillait, il leur ouvrait son âme ! Avec quelle circonspection il leur donnait un conseil qu'il se laissait demander. Les moindres d'entre eux par l'âge ou le rang hiérarchique ne pouvaient, en un mot, l'approcher sans se retirer étonnés de tant de déférence et d'égards pour eux, par conséquent sans se sentir tenus à de nouveaux efforts pour honorer leur dignité.

Et que dire de sa vénération, de son obéissance, de sa tendresse pour les évêques, pour le souverain pontife! C'est que les yeux de sa foi, à travers l'homme, découvraient Jésus-Christ !

VIII

VICARIAT A ÉCULLY. — CURE D'ARS.

Peu après sa promotion au sacerdoce, il allait à Ecully, sur la demande de M. Balley, qui savait le prix de la collaboration d'un tel vicaire. Bornons-nous à dire que là il commença la vie de sacrifice et de charité qu'il continua jusqu'à sa mort.

Deux ans et demi plus tard, en février 1818, il est appelé à la cure d'Ars, département de l'Ain, faisant partie du diocèse de Lyon, et plus tard de celui de Belley. Ars, avec ses 400 habitants, voici l'humble campagne où, durant quarante années, le saint prêtre va étonner la France et le monde par le spectacle de ses vertus incomparables et par des miracles de tout genre dont des milliers de personnes seront les témoins irrécusables.

Ici donc, jeunes lecteurs, pour vous faire connaître l'homme que l'église romaine proposera, nous l'espérons, au culte de l'humanité entière ; pour vous inspirer quelque désir efficace de marcher sur ses traces, chacun dans la mesure de votre vocation et de vos forces, notre tâche devient très facile. Les revues et les feuilles religieuses ou des volumes de toute nature ont publié, depuis quelques années, tant de faits et de réflexions à cet égard qu'il ne nous reste qu'à les coordonner selon leur date et leur importance dans un récit sommaire, le nombre et la qualité des témoins équivalent à la certitude.

Qu'était la paroisse d'Ars au moment ou Jean-Marie Vianney en devenait pasteur ? Lisez ces lignes d'une *esquisse biographique* parue à Lyon.

» Lorsqu'il arriva dans cette commune, les danses, les réunions mondaines, en un mot tous ces divertissements qui ont pour résultat ordinaire d'éloigner ceux qui les fréquentent des pratiques de la piété, étaient en grande faveur à Ars. Voulant extirper le mal dans sa racine, le nouveau curé commença par indemniser de sa bourse les entrepreneurs de ces amusements profanes, pour les déterminer à fermer leurs établissements. Puis, par de sages conseils et des exhortations douces et paternelles, il réussit à dé-

tourner ses paroissiens de ces plaisirs frivoles et per-
nicieux qui exercent souvent d'irrésistibles séductions. »

Que devint l'esprit religieux, la moralité de cette
paroisse ? Persévéra-t-elle dans les heureuses habitudes que son curé lui fit vite contracter. Répondons
tout de suite : oui, de nos jours cette petite commune
de trois à quatre cents âmes est un modèle à proposer
à toutes les paroisses de France. Ce fait est de notô-
riété publique, nous en parlerons plus loin.

Mais à quel prix acheta-t-il l'éloignement de *ces*
entrepreneurs d'amusements ? « Ayant épuisé toutes
ses ressources par sa générosité, il commença dès
lors à retrancher tout ce qu'il put de sa nourriture.
Il faisait cuire sept ou huit pommes de terre et en
mangeait une chaque jour. Le pain dont il se nour-
rissait lui paraissait trop cher, il se contenta de pain
bis et d'une tasse de lait. Encore avait-il l'habitude
de saupoudrer de cendres ce pain lui-même pour rappeler ce verset du psalmiste : *Je mange mon pain*
comme la cendre. Ps. ci. (De Montrond, p. 25.)

Un des usages qui produisent et entretiennent le
mieux les bonnes mœurs d'une population, est assurément la sanctification du dimanche. N'est-ce pas
exprimer une banalité que de dire : Traversez une
ville, un bourg quelconque, le saint jour y est-il pro-
fané, le lundi chômé ; eh bien ! affirmez sans hésiter
qu'il y a là des désordres, des hontes et des misères
volontaires et nombreuses. Aussi, dès son début,

M. Vianney s'attacha-t-il et réussit-il à vaincre les usages et les habitudes de son bien-aimé troupeau, aussi contraires à l'ordre de Dieu et de l'Eglise qu'au bien-être matériel et moral des aveugles ou cupides travailleurs eux-mêmes.

Bien que les paroles qui lui servaient comme de canevas pour traiter ce sujet aient été beaucoup citées, nous en donnons un extrait pour montrer aussi de quelle manière saisissante il envisageait les questions et en rendait la solution familière et simple :

« Que vous en revient-il, mes enfants, d'avoir travaillé le dimanche ? Est-ce que deux ou trois francs compenseront jamais le tort que vous vous faites ? Vous vous imaginez que tout dépend de votre travail, mais il faut si peu de chose, une maladie, un accident, un orage, une gelée. Dieu a tout sous sa main pour se venger ; les moyens ne lui manquent pas.

» L'homme n'est pas seulement une bête de travail, il n'a pas que des besoins matériels et des appétits grossiers; il a des besoins de l'âme et des appétits de cœur. Il ne vit pas seulement de pain ; il vit de prière, de foi, d'adoration. Le dimanche c'est le bien du bon Dieu, c'est son jour à lui. Il a fait tous les jours de la semaine, il pouvait tous les garder. De quel droit toucher à *son* jour ? Bien volé ne profite jamais. Je connais deux moyens bien sûrs de devenir pauvre : C'est de travailler le dimanche et voler le bien d'autrui. »

Un des spectacles qui, à l'heure qu'il est, frappent d'abord l'étranger visitant Ars, c'est le chômage absolu du dimanche ; toute boutique y est fermée, toute charrue, toute voiture au repos. Aux offices, le temple est rempli par la foule recueillie. Cette paroisse comprend que, si elle jouit de plus de considération et d'aisance que beaucoup d'autres, elle en est redevable à son curé ; elle continue de comprendre qu'elle en deviendrait indigne si elle méconnaissait, si elle outrageait ce même Dieu qui, dans les mains du curé d'Ars, a déposé tant de bienfaits, tant de faveurs privilégiés pour elle.

Parlons de l'église matérielle d'Ars. Que pouvait-elle être au milieu des dombes, entre quelques pauvres chaumières dispersées çà et là loin du clocher. Ce n'était pas une restauration, mais une création qu'il avait à opérer matériellement et moralement.

Et voici le résultat de ses efforts au bout de quelques années. Nous ne faisons que les indiquer en ce moment. Cette église, dénuée de tout, fut bientôt comme elle l'est aujourd'hui, décorée de statues, de tableaux, de meubles, d'ornements tels que plusieurs temples de grandes villes les envient encore ; l'enceinte, la sacristie furent agrandies. Mais en cela il y avait bien nécessité, puisque sous ces voûtes accouraient de toutes parts les multitudes. L'*esquisse bio-*

graphique du saint curé d'Ars nous donne ces détails.

« En arrivant à Ars, M. Vianney trouva l'église paroissiale dégradée et dans le plus grand dénuement ; le maître-autel était en bois ; l'autel de la sainte Vierge était entièrement privé d'ornements. Il acheta de ses propres deniers un nouveau maître-autel et travailla de ses mains à décorer les bancs du chœur. En peu de temps cette église, naguère si pauvre et si nue, changea d'aspect et fut richement ornée. M. le comte d'Ars, propriétaire du vieux manoir seigneurial qui porta ce nom, ayant appris à Paris, où il résidait habituellement, les soins que le nouveau curé prenait de l'embellissement de son église, vint à Ars et alla faire visite au pasteur. M. le comte d'Ars était lui-même très pieux ; frappé de l'air de sainteté empreint sur tous les traits du digne et vertueux prêtre, il pria celui-ci de lui donner une part dans ses prières et de vouloir bien l'associer dans ses bonnes œuvres. De retour à Paris il envoya à M. le curé d'Ars de beaux ornements pour l'Eglise : garnitures d'autel, chandeliers, reliquaires, chasubles, encensoirs, bannières, etc., etc. Parmi ces magnifiques dons figurait encore un superbe dais, qui se trouva de trop vaste dimension pour pouvoir passer par la grande porte de l'église. Informé de cette circonstance, M. le comte d'Ars donna 6,000 francs pour l'agrandissement de cette porte et pour les travaux nécessaires à la restauration de la façade de l'édifice. »

Grâce aux secours spontanés qui arrivaient à M. Vianney, ici bientôt s'éleva *la Providence*, vaste couvent de religieuses vouées à l'éducation du sexe et de pauvres orphelines. Celles-ci, très nombreuses, étaient à sa charge. Là, une maison des *frères de la sainte famille* pour les jeunes garçons, qu'il entretenait à ses frais. Une troisième fondation suivit de près. Fondation bien chère au saint prêtre, bien utile au diocèse et aux pays les plus éloignés, l'*Œuvre des missions*. Devenue considérable, cette maison avait à Ars, en même temps que sa maison-mère, son guide et son modèle dans la personne de l'humble curé.

Tels furent les premiers succès de son ministère. Tout réussissait au-delà de ses espérances ; mais que de sollicitudes, que d'anxiétés de conscience : Oh ! si j'avais su, disait-il, ce que c'était qu'un curé, au lieu d'entrer dans une cure, je me serais bien plutôt sauvé à la Trappe. »

Et ces sollicitudes et ces travaux n'étaient rien. Une mission bien plus étendue lui est réservée. Voyez-vous sur la vaste place où s'élève l'église d'Ars, cette immense croix plantée par M. Vianney à la fin d'un jubilé et entourée d'une multitude de vieillards, d'hommes mûrs, de jeunes gens, de femmes de toute condition, chacun ayant son costume, sa toilette, son *genre* différent ; les voyez-vous, attendant leur heure de le voir, de lui parler. Oh ! oui, voilà le spectacle qui ne s'est vu qu'à Ars, et le plus propre à ouvrir les yeux de l'impie et du sectaire, s'ils consentaient seulement à détourner la tête. Mais, avant de raconter ce fait capital, résumons ces débuts du ministère de M. Vianney.

Sans doute, grâces au ciel, le clergé n'a jamais cessé d'offrir le spectacle de ces œuvres que seul le zèle apostolique peut produire. Qui de nous n'a entendu nommer, ne connaît peut-être autour de lui quelque prêtre régulier ou séculier, de ville ou de campagne qui, sans fortune, sans haut patronage, sans talents extraordinaires ; est parvenu à modifier radicalement les mœurs d'une population, à fonder, aussi lui, des écoles, des hôpitaux, etc., et cela à la face du ciel, sans aucun de ces moyens que repousse une probité scrupuleuse.

Sous ce rapport, concluons donc d'abord que si M. Vianney a eu des prédécesseurs et des imitateurs dans les triomphes de la charité apostolique, s'il a eu des égaux, il ne s'en rencontre pas de supérieurs.

Oui par lui, un bourg caché dans des bois, un bourg de 400 âmes devient vite la plus importante paroisse d'un diocèse français. Un tel début fait pressentir d'autres merveilles.

IX

LES PÈLERINAGES D'ARS.

Qui de vous, jeunes lecteurs, n'a entendu parler du pèlerinage d'Ars. Vous voulez à cet égard des détails sûrs et précis ; ils abondent.

Lisez ces lignes d'un grand évêque catholique anglais, venu exprès à Ars. « Non-seulement le curé d'Ars, dit Mgr de Birmingham, a tiré sa paroisse d'un état de grande indifférence religieuse et lui a imprimé de profondes habitudes de piété et de dévotion, mais encore, par sa réputation de sainteté et d'habile directeur, il a le pouvoir d'attirer tous les jours à Ars une multitude de personnes qui viennent le voir et l'entretenir.

» Le 18 mai 1854, avec un de mes amis, je faisais une visite au saint prêtre. Depuis Lyon, et pendant toute la route, nous rencontrions des personnes reve-

nant d'Ars. Ce petit village est devenu un lieu de pèlerinage. L'affluence des visiteurs est si grande, que
des voitures partent journellement de Lyon et des villes environnantes pour l'église d'Ars. A chaque instant
on rencontre des voitures publiques et particulières
qui font le même trajet, tandis que le pauvre chemine
paisiblement sur la route... »

Etait-ce l'éloge que les fidèles d'Ecully et des environs faisaient de la bonté, de la sagesse extrêmes de
l'ancien vicaire ; était-ce le bruit répandu de plusieurs
miracles opérés par sa prière, celui entre autres de la
multiplication du blé dans le grenier de *la Providence* ;
était-ce la sagesse consommée dont il faisait preuve
dans le confessionnal ou dans les conseils sûrs et souvent prophétiques qu'on obtenait de lui ? D'où prove-
nait plus particulièrement cette affluence incroyable
dans un méchant village, répétons-nous, caché dans
les bois, loin des routes fréquentées ? Quelle en a été
la cause première ? Dieu seul le sait.

Toujours est-il, dit un pèlerin d'Ars, « que dès 1834,
on avait déjà organisé, à l'usage des pèlerins, un service de voitures publiques se rendant de Lyon à Ars.
La distance est de sept à huit lieues. Bientôt huit ou
dix grandes voitures suffirent à peine chaque jour à
l'affluence des pèlerins, dont le nombre allait toujours
croissant. L'administration publique dut elle-même
s'occuper de ce concours extraordinaire ; et des chemins étroits, impraticables dans l'origine, furent tran-

sformés en grandes routes. Lorsque le chemin de fer
de Lyon vint faciliter le transport, l'affluence s'accrut
encore ; la compagnie crut devoir aussitôt s'occuper
d'Ars, et elle offrit des conditions particulières pour
cette destination. » (M. de Montrond.)

Le doigt de Dieu n'est-il pas ici ? Que des riches se
plaisent à des excursions sur les bords du Rhin, vers
les lacs et les montagnes de la Suisse, qu'ils aillent au
loin contempler des sites pittoresques, des châteaux
ravissants, des demeures princières, des ruines histo-
riques, etc., etc., on conçoit, on s'explique la curiosité
de ces oisifs ou de ces touristes. Mais que chercher,
que contempler à Ars ? Encore une fois, lire ce qui se
passait dans cette obscure campagne, n'est-ce pas lire,
sauf les noms des lieux et des personnages, ces des-
criptions naïves où les hagiographes peignent ce qui
se pratiquait à la grotte des Pacôme, des Hilarion ; à
la cellule des Bernard, des François d'Assises ! « Des
saints, ô mon Dieu ! donnez-nous des saints, s'écriait
le P. Lacordaire dans une de ses plus belles conféren-
ces à Notre-Dame de Paris. Il y a si longtemps que
nous n'en avons vu ! nous en avions tant autrefois. »
Et son vœu était exaucé ; et les multitudes voyaient,
contemplaient les mêmes choses qui, racontées dans
nos saintes légendes, sont traitées par le libre-penseur
ou l'ignorant de pieux mensonges, d'innocentes fables !

Peu après la mort du curé d'Ars, l'*Espérance de
Nancy* publia une *impression de voyage* due à la

plume éloquente et pieuse de M. Louis Lacroix, pèlerin de l'été de 1857. L'abbé Monnin, en la reproduisant, ajoute : « Il n'y a aucune exagération. Et ceux qui, comme nous, ont été les témoins journaliers des merveilles d'Ars, en retrouveront la photographie dans ces lignes palpitantes de vie et d'intérêt. » Comme lui, sur elles appelons l'attention qu'elles méritent au plus haut point.

« J'arrivai à Ars. La voiture nous descendit à une bonne auberge du village où l'on est bien traité et où l'on ne vous exploite pas encore. On me dit que le curé le défend et qu'on lui obéit. Comme je sais qu'il est difficile de modérer les exigences des aubergistes, surtout dans les lieux de pèlerinage, ce fut pour moi un indice, et le premier de tous, de l'empire que ce saint homme exerce sur les cœurs. A peine débarqués, nous courûmes tous à l'église où l'on nous dit que se trouvait M. le curé. Chemin faisant, j'arrangeais un peu les choses à ma façon : je croyais que l'omnibus avait apporté tout le monde ; que personne n'avait pu venir autrement ; que nous serions les seuls visiteurs. Et j'avais la naïveté de m'imaginer que le bon curé était là-bas à nous attendre. Enfin, tout bien disposé que j'étais à me laisser toucher et édifier, je prenais un peu le change, et je n'étais nullement préparé à tout ce que j'allais rencontrer. Preuve nouvelle d'une vérité dont tout voyageur a bien souvent l'occasion de se convain-

cre : qu'il faut voir pour savoir, voir par soi-même
autant que possible, ou ne s'en rapporter qu'à de
sûrs témoins. Quant aux merveilles d'Ars, c'est peut-
être ce que je renoncerais le moins à avoir vu, tant je
tiens au précieux privilége de pouvoir les raconter fi-
dèlement aux autres !

» J'entrai donc avec l'empressement d'une curiosité
qui manquait peut-être un peu de gravité. Mais quelle
fut ma surprise ! Au lieu de la solitude que j'avais rê-
vée, je vis dans l'église une foule nombreuse et recueillie, les femmes éparses par groupes dans la nef, les
hommes se pressant, serrés et nombreux aux abords
du chœur, tous silencieux et calmes dans l'attitude de
la méditation ou de la prière. Jamais antichambre de
ministre ou de souverain ne s'était présentée à moi
avec cette grandeur et cette majesté ; et je compris, je
sentis à l'instant toute la dignité de cet humble ministre du souverain Roi de la terre et des cieux, à qui
la sainteté donnait tant de puissance et attirait tant
de solliciteurs. Cependant je le cherchais lui-même
des yeux et je ne le voyais pas. On me montra du
doigt la porte de la sacristie, et l'on me dit qu'il était
là confessant les hommes à tour de rôle. Il recevait
alors ceux qui étaient arrivés la veille. Or, il était cinq
heures du soir. Evidemment je n'avais aucune chance
de voir le curé d'Ars ce jour-là, me trouvant à l'extrémité de cette longue chaîne, qui commençait à la
porte de la sacristie, et dont je n'étais que le dernier

anneau. Mais je ne me plaignis pas ; je me sentis pris
par la beauté du spectacle qu'il m'était donné de contempler, et je me trouvais heureux de pouvoir observer comment le curé d'Ars terminait sa journée, en
me proposant bien de venir voir le lendemain de quelle
manière il la commençait.

» Cependant l'abbé Vianney restait invisible. La
porte de la sacristie s'ouvrait et se fermait tour à tour
sur les pénitents ou les consultants qui se succédaient
les uns aux autres au tribunal du saint prêtre. Je les
voyais entrer recueillis, concentrés ou soucieux, et, en
sortant, leurs visages paraissaient calmes, joyeux, et
épanouis. L'un d'eux, c'était un jeune ouvrier, passant
près de moi, s'arrêta tout-à-coup, en se frappant le
front : « Ah ! mon Dieu ! j'ai encore à lui parler, se
» dit-il à lui-même, il faut que je lui parle encore ! »
et il alla se remettre à l'extrémité de la file, pour retrouver dans un jour ou deux un second tour.

» Plus de deux heures s'étaient écoulées ainsi avec
rapidité. J'avais oublié de compter les instants, car la
scène que j'avais sous les yeux remplissait tellement
l'âme des choses divines et éternelles qu'on y oubliait
le temps, qui n'est que la succession de celles qui
passent. La nuit était venue : il était huit heures.
L'église, loin de se désemplir, avait reçu de nouveaux
visiteurs et était alors entièrement pleine. On me dit
que c'était l'heure de la prière du soir, que les gens
du village ne manquaient pas de s'y rendre non plus

3..

qu'à la messe le matin, car la sainteté de leur curé les
a tous ramenés à la pratique de leurs devoirs de chré-
tiens. En ce moment M Vianney sortit pour monter
en chaire. Sa vue me fit oublier tout le reste ; je n'eus
d'yeux que pour le considérer. Il était vêtu de son
surplis qu'il ne quitte jamais. Tout son extérieur ma-
nifestait ses vertus et sa sainteté extraordinaires. Son
visage et sa personne étaient d'une extrême maigreur,
attestant le sublime et effrayant travail de la mortification et de l'ascétisme, d'où résulte ce que Bossuet
appelle cet horrible anéantissement de l'homme tout
entier, horrible par la nature, mais plein de charme
dans l'ordre de la grâce ; car s'il tue dans l'une, il en-
fante dans l'autre. Ce corps si frêle et déjà courbé paraissait grand et majestueux. Il marchait la tête incli-
née, les yeux baissés ; sa chevelure longue et abondante
retombait sur son cou et encadrait sa figure comme
d'une sorte de blanche auréole. Je me sentis tout ému
quand il passa près de moi et que je touchai le bord
de son vêtement. Dès qu'il fut monté en chaire, on
s'agenouilla et il dit la prière du soir, mais avec une
voix si faible qu'il n'en venait que des sons confus à
mon oreille. On sentait, à l'entendre, un homme ex-
ténué, et cela rendait d'autant plus merveilleuse son
infatigable assiduité à l'église et au confessionnal, où
il reste des jours et des nuits entières. La prière dite,
il descendit de chaire, traversa l'église, sortit par une
porte latérale, et toujours nu-tête et en surplis, rentra

dans sa demeure entre deux haies de fidèles qui s'age-
nouillaient et qu'il bénissait en passant. J'avais con-
staté l'empire du curé d'Ars sur ses semblables ; je
l'avais ressenti intérieurement sur moi-même : le but
essentiel de mon séjour à Ars était atteint. Evidemment l'abbé Vianney n'était point un homme ordinaire,
puisqu'il y avait autour de lui, dans ce village perdu
de la Bresse, autant d'affluence qu'aux pèlerinages les
plus renommés. J'avais vu cela ; j'aurais pu partir et
j'avais de quoi porter témoignage. Mais il m'en coûtait
de m'éloigner sans avoir parlé au saint prêtre et sans
avoir reçu sa bénédiction. Je m'étais informé de ce
qu'il fallait faire pour parvenir jusqu'au curé d'Ars.
Un homme qui rangeait le monde à l'église, et que je
pris pour le sacristain, m'assura qu'en venant à quatre
heures je pourrais le voir dans la matinée et repartir
le jour même. Je me promis bien d'être exact au rendez-vous.

» Cependant chacun rentrait chez soi. Les paysans
des environs regagnaient leurs villages. Toutes les
maisons d'Ars recevaient les hôtes qui voulaient prolonger leur séjour. Je retournai à mon auberge où je
trouvai mes compagnons de voyage, savoir : une
dame de Besançon et sa fille, un prêtre de Grenoble,
deux séminaristes de Lyon, un aumônier de Marseille,
une dame marseillaise avec ses deux filles, l'une
muette, l'autre boiteuse, une autre famille de Marseille, composée de trois personnes. Cette affluence de

Marseillais s'expliquait par le bruit qu'avait fait un
miracle obtenu six semaines auparavant par le curé
d'Ars en faveur d'une personne de cette ville. Au sou-
per, la conversation roula tout entière sur l'homme
extraordinaire que nous étions tous venus contempler.
Chacun exprimait son admiration et rendait ses impressions à sa manière : « Ah ! je suis content d'être
» venu ici, disait le chef de la famille marseillaise,
» sur ce ton accentué qui dénote l'habitant de la Ca-
» nebière. Je ne m'en souciais pas trop. C'était pure
» complaisance pour ma femme et ma fille, qui le
» voulaient à toute force. Mais je suis content d'être
» venu : je sais maintenant ce que c'est que la reli-
» gion. » Et l'on sentait que ce brave homme en pensait plus encore qu'il n'en disait, et qu'il était tout
prêt à tirer de ce qu'il avait vu la conclusion pratique
qui en résulte naturellement.

● Le lendemain, c'était le vendredi 11 septembre 1857, j'étais sur pied à quatre heures et je courus
à l'église avant le jour. Je croyais arriver à temps et
même devancer tout le monde, mais j'éprouvai la même
surprise que la veille, et plus grande encore. Déjà une
foule nombreuse était rassemblée, et, à mon grand
désappointement, je ne pus obtenir qu'une place bien
éloignée de cette bienheureuse porte qui donnait accès
vers le curé, et que je me voyais, comme Moïse, destiné à la regarder de loin sans pouvoir la franchir.
« Depuis quand êtes-vous là ? demandai-je aux voi-

» sins que le sort m'avait donnés. — Depuis deux
» heures du matin. — Et M. le curé, quand est-il
» venu? — Il est arrivé à minuit. — Où est-il? que
» fait-il maintenant? — Il est là-bas, au confession-
» nal, derrière le chœur, et il confesse les femmes en
» ce moment. C'est son occupation ordinaire, le ven-
» dredi matin. Il ne recevra les hommes qu'après la
» messe. — Mais alors que font-ils là tous ceux que
» je vois? — Ils gardent leur place pour passer à leur
» tour. — Quand donc sont-ils venus? — Quand le
» curé est entré lui-même. Ils attendaient à la porte,
» le premier venu tenant le bouton : à minuit, l'église
» a été ouverte, et ils ont pris leurs places. » Tout
cela surpassait ce que j'avais vu et entendu la veille :
j'en étais stupéfait. Je savais bien que l'homme est capable d'une prodigieuse constance quand il s'agit de
son plaisir et de son intérêt; qu'il fait queue des heures entières pour être bien placé au spectacle; qu'autrefois on avait passé des jours et des nuits, rue
Quincampoix, pour obtenir des actions du Mississipi.
Mais ce que je ne savais pas, ce que je n'avais jamais
vu, c'est que l'homme fût réellement disposé à faire
le même sacrifice de son temps, de son repos pour les
biens purement spirituels; et ce spectacle, tout nouveau pour moi, qui me semblait une scène de l'Evangile, me pénétrait au fond du cœur, et me touchait
jusqu'aux larmes. Je me laissai donc aller, comme la
veille, au plaisir de voir, à l'oubli du temps et à la

joie de prier et de méditer dans cette atmosphère de vie spirituelle et religieuse que propageait autour de lui ce grand serviteur de Dieu.

» Toutefois j'en voulais un peu au sacristain de la veille, qui ne m'avait pas averti qu'il fallait passer la nuit à la porte de l'église, ce qui m'avait valu d'être relégué à une si mauvaise place. Je le regardais de travers, — car il était à son poste de bonne heure, — pendant qu'il allait et venait, rangeant les nouveaux venus, répondant à tout, faisant patienter les gens et ne se fâchant jamais. Touché de ce calme et de la parfaite convenance de ses manières, je m'informai encore autour de moi, et j'appris que ce prétendu sacristain était un homme de bonne compagnie, qui, guéri et converti par le curé d'Ars, s'était voué, par reconnaissance et par piété, à l'œuvre pénible et ingrate que je le voyais si dignement accomplir. Il s'était fait l'auxiliaire du saint curé, en entretenant l'ordre et en faisant la surveillance de l'église pendant que celui-ci confessait. Avec un curé qui souvent confesse vingt heures par jour, ce n'est pas une petite besogne. Cette découverte fut pour moi un nouveau trait de lumière. Elle me fit comprendre comment les saints, qui font l'impossible, ont le don d'entraîner les autres à le tenter aussi, et comment, autant par ce qu'ils font que par ce qu'ils font faire avec abnégation. Sacrifice absolu d'eux-mêmes et amour sans bornes de Dieu et du prochain, ils sont réellement les plus actifs, les plus productifs, les plus bienfaisants des hommes.

« A six heures, le vicaire vint dire sa messe, pendant que le curé continuait à confesser les femmes. Enfin, sur les sept heures, après une séance mortelle pour tout autre, qui durait depuis minuit, il sortit du confessionnal avec cet air calme et reposé qui lui était habituel, et il rentra dans la sacristie pour se préparer à dire la messe. Quant à moi, toujours préoccupé du désir de lui parler un instant, de lui demander sa bénédiction et de repartir ce jour-là, j'avais fait un effort et j'avais réussi à me glisser dans la sacristie au moment où le vicaire y était rentré : « Tenez-vous là, m'avait-il dit, quand M. le curé arrivera, peut-être consentira-t-il à vous entendre avant de monter à l'autel ! » Je suivis cette recommandation, mais sans succès. Le curé d'Ars, qui jugeait à la simple vue de l'état et du besoin des âmes, ne crut pas devoir s'interrompre pour satisfaire mon impatience ; il m'ajourna et se revêtit de ses ornements sacerdotaux. Tout ce que je gagnai à cette tentative, ce fut de le voir de près, de sentir le doux et perçant rayon de son regard fixé sur moi et d'assister aux préparatifs de sa messe. Je vis alors, pendant qu'il changeait de vêtement, l'extrême ténuité de ce corps mortifié, qui ressemblait plutôt à une ombre, ce qui ne l'empêchait pas de mouvoir ses membres fragiles avec une vivacité singulière et d'imprimer une décision énergique à tous ses gestes. Je le suivis à l'autel de sainte Philomène, qu'il vénère d'une façon toute particulière. C'est là qu'il disait sa messe ; c'est à cet autel qu'il a obtenu de nombreux miracles. Les ex-votos de tout genre qui couvrent cette chapelle disent assez combien d'infirmités et de misères y ont été soulagées. C'est là qu'un jour ayant opéré la guérison d'un paralytique, qui se dressa et marcha tout à coup comme à la parole du Sauveur lui-même, tandis que toute l'assistance émue exprimait hautement son admiration et sa reconnaissance, le saint prêtre, embarrassé de cette manifestation publique de l'efficacité de ses prières, s'en plaignait à la Sainte qu'il avait invoquée, en lui disant avec une humilité qui trahit tout le secret de sa puissance : « Ah ! sainte Philomène, quand vous m'accor- » dez de telles grâces, que ce soit en secret ! Guéris- » sez-les chez eux, et épargnez à mon indignité une » semblable confusion. »

» La messe dite, je crus que le curé d'Ars serait enfin abordable ; c'était le moment qu'il m'avait assigné ; mais je me trompais encore. L'église regorgeait de monde, et la foule m'avait séparé de lui pendant qu'il allait à la sacristie. J'étais de nouveau réduit au rôle d'observateur, et je vis la suite des opérations de la matinée. Il avait reparu en simple surpris sur les marches du chœur. La multitude des pèlerins s'était à l'instant portée vers lui. On lui faisait bénir quantité de médailles et de chapelets ; on lui présentait des en-

fants auxquels il imposait les mains. Quand il eut satisfait tout le monde, il entra dans une petite sacristie
située au côté droit de l'église, où il reçut, les unes
après les autres, plusieurs dames venues pour le consulter. Au bout d'une heure environ il reparut, rega-
gna le chœur, et la confession des hommes commença
immédiatement. Chaque fois que je l'apercevais, j'étais
trop séparé de lui pour l'atteindre, et il m'échappait
toujours. J'avais été sur le point de me dépiter ; mais
un peu de réflexion me rendit honteux de ce mouvement : car, en voyant cet homme divin se prodiguer
avec un tel dévouement et donner tout son temps pour
les besoins d'autrui, je sentis qu'il aurait été indigne
de ne pas savoir donner un peu du mien pour arriver
jusqu'à lui. Je revins donc assez facilement à ces sentiments de patience et d'admiration qui m'avaient
saisi d'abord, et qui devinrent définitifs tant que je fus
en ce lieu.

» Il était à peu près neuf heures du matin, et le
même mouvement de la veille recommençait à cette
porte de la sacristie qui était redevenue inaccessible
pour moi. Chacun avait repris sa place et l'on ne
passait qu'à son rang. Il y eut bien quelques exceptions à la règle : plusieurs dames opiniâtres et intri-
gantes parvinrent à se glisser jusqu'à la porte et à
passer, en dépit de tous les obstacles. On s'en irritait
à bon droit. Quelquefois le curé désignait lui-même la
personne qu'il voulait admettre, et de ces préférences

nul ne songeait à se plaindre. Enfin les grandes infirmités passaient immédiatement, et tout le monde comprenait que c'était justice. Quand la dame marseillaise arriva avec ses deux filles, la muette et la boiteuse, elles n'attendirent que l'instant qu'il fallut pour que le curé devint libre. De temps en temps on voyait se grouper en bas de l'autel ceux que la confession avait réconciliés avec Dieu. Le vicaire paraissait, ouvrait le tabernacle et leur distribuait la sainte communion. Tous ces mouvements produisaient quelquefois une certaine agitation qui n'était pas sans avoir besoin d'un peu de surveillance; mais alors l'homme bien élevé, que je ne prenais plus pour un sacristain, et qui m'inspirait aussi du respect, allait de bancs en bancs, calmant tout le monde et ramenant partout l'ordre et la paix.

» Il y avait dix heures que durait ce drame sublime de la charité. Celui qui en était le héros n'avait pas un seul instant ralenti ni suspendu son action, et il était là toujours en scène et toujours infatigable. Pour moi, venu quatre heures après lui, et qui n'avais été que témoin, je commençais à succomber au besoin et à la fatigue, et déjà je songeais à la retraite. Toutefois, avant d'abandonner la partie, je résolus de livrer un dernier assaut à l'inaccessible sacristie. Aidé de l'obligeant auxiliaire du Saint, je parvins à me placer à l'ouverture de la porte, et quand le curé l'ouvrit pour admettre un nouveau pénitent à son tribunal, il me vit là droit devant lui, parut me reconnaître et me laissa entrer. Nous restâmes debout l'un et l'autre. Ne voulant rien prendre de trop du temps si précieux d'un tel homme, je lui posais brièvement et rapidement deux questions que j'avais préparées. De son côté, il y répondit sur-le-champ, résolument, sans apparence de réflexion, sans la moindre hésitation, mais aussi sans aucun empressement; et ses réponses étaient ce qu'il y avait de plus sensé, de plus sage, de plus facilement et de plus utilement applicable. Ordinairement les hommes sont obligés de délibérer, de peser mûrement un projet, pour trouver un sage parti à prendre. Le curé d'Ars improvisait la sagesse. J'étais confondu de lui voir ce calme, cette attention, cette présence d'esprit dans de telles conditions. Depuis minuit il n'avait cessé d'être assiégé comme il l'était encore; il ne s'était donné aucun relâche; il avait eu à répondre à des centaines de personnes. Il y avait là, à côté de nous, un homme agenouillé au prie-Dieu de la confession, attendant son tour; des masses d'autres s'amoncelaient à la porte comme les vagues de la marée montante. Et le saint prêtre était toujours présent, se donnant à tous, sans impatience, sans fatigue apparente, le cœur toujours ouvert, l'esprit toujours prompt, sa fragile personne sans cesse en activité. Assurément cela n'était pas humain, cela n'était pas naturel, et quiconque voudra réfléchir un instant sur de tels faits ne pourra s'empêcher d'y reconnaître l'inter-

vention de la grâce élevant à une miraculeuse puissance d'action ce saint homme, fidèle à toutes ses ins-
pirations. Il m'avait répondu en aussi peu de temps
que j'en avais mis à l'interroger. Quand il eut fini, je
repris à mon tour et lui dis :

« — Encore une faveur, mon Père, je vais à Rome
m'agenouiller et prier au tombeau des Apôtres, donnez-moi votre bénédiction pour qu'elle m'accompagne
pendant tout mon voyage.

» Au nom de Rome, l'abbé Vianney sourit de joie,
ses yeux abaissés se levèrent, son regard recueilli et
tout intérieur ressortit avec vivacité, et tandis que son
œil me lançait un rayon lumineux :

« — Ah ! vous allez à Rome, me dit-il, vous y ver-
rez notre Saint-Père. Et ici sa physionomie prit une
expression qui disait tout ce que ressentait son cœur.
Eh bien, ajouta-t-il après une légère pause, je vous
recommande de prier pour moi à la Confession des
saints Apôtres.

» Après cette dernière réponse et un échange de
paroles qui dura je n'ose pas dire cinq minutes, je
m'inclinai ; il me bénit ; je lui baisai la main et me re-
tirai pénétré de joie, de force et de vénération. J'étais
content aussi d'être libre ; j'en profitai pour retrouver
le grand air et parcourir le village d'Ars, que je n'a-
vais pas vu encore, et dont presque toutes les maisons
sont devenues des auberges pour les pèlerins et des
magasins d'objets de piété. On y voyait à toutes les

vitres différents portraits du curé d'Ars. J'achetai
celui qui me parut le plus ressemblant, puis je fis une
pointe dans la direction du château, et je me hâtai de
revenir à l'église, après une tournée d'une demi-heure,
pour assister à ce qu'on appelait le catéchisme de
M. le Curé. C'était une instruction qu'il faisait tous
les jours, avant midi, et pour laquelle, après les fati-
gues et les travaux de ses terribles séances, il trouvait
encore la force de prolonger son inépuisable dévouement. L'église s'était remplie de nouveau : j'eus de la
peine à retrouver une place dans le chœur. Le curé
vint s'asseoir sur une chaise adossée au maître-autel,
et l'homélie commença.

» Certes, l'éloquence du curé d'Ars n'était pas dans
sa parole. Quoique placé à peu de distance, c'était à
peine si je pouvais l'entendre, car, indépendamment
de la faiblesse de sa voix exténuée, la perte totale de
ses dents avait enlevé toute netteté à sa prononciation.
Mais il était éloquent par sa physionomie, par son
geste et surtout par l'autorité de sa vie et l'ascendant
de ses œuvres. Aussi quelle action puissante il exer-
çait sur son auditoire ! Ce fut la dernière scène et la
plus belle de toutes. La foule s'était entassée autour
de lui : à ses pieds, sur les marches de l'autel, sur le
pavé du chœur, se pressaient des gens de tout âge,
de toute condition, de tout sexe, surtout des femmes
avec leurs enfants, tous absorbés dans une attention
haletante, le cou tendu, les yeux fixés sur sa personne.

Si l'on ne pouvait entendre, il suffisait de voir, car son extérieur faisait tout comprendre, tant il avait d'expression dans son geste, dans ses yeux et dans toute sa physionomie ! Il frissonnait d'horreur en parlant du péché ; il pleurait en pensant aux offenses faites à Dieu ; il paraissait ravi quand il s'agissait de l'amour divin ; il rougissait, il pâlissait tour-à-tour. Sa parole était du reste abondante et facile. Il nous parlait de la fin de l'homme, qui est le bonheur en Dieu. Le péché éloigne de Dieu ; le repentir et la pénitence y ramènent. C'était son thème de tous les jours : il le développait avec son cœur. Je le répète, on entendait bien peu, mais on sentait tout. De temps en temps on saisissait quelque chose, et c'était vraiment divin. Il avait des pensées du genre de celle-ci : « Chose étrange ! J'ai rencontré bien des gens qui se » sont repentis de n'avoir pas aimé Dieu ; je n'en ai » jamais rencontré un seul qui fût triste et se repentît » de l'aimer ! » On le voit, ce n'est pas là une éloquence qui frappe et subjugue, mais une onction qui échauffe et pénètre. Il répétait sans cesse, comme saint Jean : « Mes enfants ! » et la foule l'écoutait comme un père vénéré. C'était là vraiment qu'un peintre aurait dû venir chercher les modèles d'un tableau du Sermon sur la montagne.

» Midi sonnait quand le curé d'Ars cessait de parler, et retournait à son presbytère pour y puiser, dans la prière et la mortification, la force de recommencer, deux ou trois heures après, sa vie d'immolation et de sacrifice. Quant à moi, au bout d'une heure, je quittais le village d'Ars, emportant comme un trésor la bénédiction de l'abbé Vianney et le souvenir ineffaçable des merveilles de sainteté et de charité dont j'avais été le témoin. Je n'avais pas vu de miracle particulier, mais j'avais vu le miracle ordinaire de sa vie, dont chaque journée ressemble à celle qu'il m'avait été donné de contempler. »

Ajoutons quelques faits, moins pour confirmer ces pages véridiques que pour les compléter. Le savant professeur de Nancy vient de nous parler du confessionnal de M. Vianney. Voici ce qu'à ce propos nous dit l'auteur de *Prélats illustres*, de la *Vierge et des Saints en Italie*, etc. :

» Le vénérable curé d'Ars, enlevé tout récemment à l'affection de son bien-aimé troupeau et à l'empressement des pèlerins qui accouraient de toutes parts pour le voir et pour l'entendre, est un exemple merveilleux qui confond l'orgueil et la vaine sagesse de notre siècle. A une époque où l'homme, infatué de sa science et de sa propre raison, prétend ne relever que de lui-même, ne se guider que par les lumières de son esprit, quel spectacle plus digne d'étude et plus fécond en enseignements que celui d'un humble prêtre, au fond d'une campagne, voyant accourir à lui, de tous les points de la France et des pays lointains, des personnes de tout âge, de tout rang, pour implorer ses conseils, ses lumières, et le prendre pour guide de leur conscience! Si c'est au titre de *confesseur* que le curé d'Ars doit son immense renommée et tout le bien que la Providence lui a donné d'accomplir, combien sa vie offre une preuve éclatante de la divinité d'une institution que tant de *beaux esprits* s'efforcent de reléguer au rang des inventions humaines ! »

Examinant le fait au même point de vue, l'auteur des *Jésuites au bagne*, de *Serviteurs de Dieu et des hommes*, aussi lui, pèlerin d'Ars en 1859, après avoir établi que ce que les multitudes cherchaient avant tout, c'était le confesseur, ajoute : « La Providence a voulu que pendant vingt-cinq ans les populations du dix-neuvième siècle, si amoureuses de toutes les vanités, vinssent en foule à Ars rendre hommage à l'humilité et à la simplicité. Pendant que les beaux esprits de nos jours s'évertuaient contre la confession et ses influences, le peuple leur répondait en allant à Ars vénérer un *confesseur.* Le saint curé pouvait avoir bien d'autres titres au respect et à l'empressement qu'il attirait ; mais le caractère de *confesseur* dominait tout aux yeux des pèlerins ; c'était au confesseur que cette multitude, arrivant à Ars, voulait avoir affaire. La vie du curé d'Ars s'est passée, à la lettre, dans le confessionnal. »

Presque de tous les pays du monde arrivaient à Ars des pèlerins. Les habitants se rappellent y avoir vu des cardinaux, des évêques, une foule de prêtres et de religieux venus exprès pour leur vénérable curé. Entre ces personnages éminents par la dignité et le savoir bornons-nous à relater les impressions de l'évêque de Birmingham.

« Nous arrivâmes à Ars un peu avant onze heures... Le premier objet qui frappa mes regards fut la tête du curé. Jamais je n'oublierai l'impression que j'éprouvai en voyant cette figure si pâle et si macérée. Il disait la messe, et une foule nombreuse remplissait toute la nef. Sa figure était petite, maigre et dévastée ; les contours de sa bouche me parurent très expressifs ; sous un vaste front, pâle et doux, ses yeux au regard profond, étaient presque toujours baissés ou voilés par les paupières. Il est une chose dont je ne puis pas donner l'idée, c'est la vigueur de cet esprit dans une enveloppe aussi débile ; il me semblait entendre la voix d'un ange sortir d'un corps qui est à l'agonie. Comme j'étais un peu éloigné du prédicateur et qu'il lui manque quelques dents, je n'entendais pas toujours distinctement, et je ne pourrais pas raconter tout ce qu'il nous dit ; mais quand je n'aurais pas compris une seule de ses paroles, j'aurais reconnu, et surtout j'aurais senti que celui qui parlait vivait habituellement en Dieu. Son instruction était sur la confession, et elle était mélangée d'anecdotes et de prières jaculatoires. Il sortit ensuite en surplis, la tête nue, par un soleil ardent... Jamais il ne se couvre la tête. Il allait as-

sister un pauvre malade, et derrière lui marchait une
foule avide de le voir.

» Avant qu'il rentrât dans la maison, je l'avais visi-
tée avec son vicaire. Les murs étaient nus et en ruines ; et, sauf son petit lit et le pauvre ameublement
de sa chambre, la maison était vide. Cependant, dans
une pièce aussi délabrée que les autres, se trouvaient
de riches ornements d'église, qui avaient coûté quarante mille francs. Avant qu'il ne vînt, on me dit qu'il
me quitterait bien vite pour entrer dans sa solitude ;
mais heureusement il n'en fut pas ainsi : sa réception
fut aussi bonne et aussi simple qu'elle était humble et
charitable. On ne voyait ni dans le son de sa voix, ni
dans ses gestes, l'homme qui veut jouer un rôle ; mais
on connaissait en lui la simplicité bonne, franche et
cordiale d'un saint. Le fauteuil qu'il me présenta me
fut offert comme venant de son prédécessseur, et il me
répéta souvent qu'il était très reconnaissant de ma visite. Je lui demandai des prières pour l'Angleterre, et
lui parlai des souffrances des pauvres catholiques re-
lativement à la foi ; il m'écoutait les yeux à demi fer-
més, quand tout-à-coup ses yeux s'ouvrirent, et, les
fixant sur moi avec un de ses regards si lumineux, il
s'écria d'une voix que je n'oublierai jamais, et comme
s'il voulait me faire une confidence : *Je suis sûr que
l'Eglise d'Angleterre reprendra son ancienne splen-
deur....* »

L'illustre restaurateur de l'Ordre de Saint-Domini-
que, en France, voulut, aussi lui, voir, connaître et
consulter ce prêtre extraordinaire. L'*Esquisse biographique* rend ainsi compte de cette entrevue :

« Cédant aux vives instances de M. le curé, le célèbre prédicateur consentit à faire entendre aux fidèles
réunis dans l'église pour l'office des vêpres, cette parole éloquente qui, si souvent, a rempli les cathédra-
les d'une foule immense d'auditeurs. Le père Lacordaire, dans une de ses brillantes improvisations qui
lui sont familières, après avoir payé un juste tribut
d'éloges au saint pasteur d'Ars, parla de cette charité
sur laquelle repose le lien de fraternité et de solidarité
qui unit entre eux les membres de la grande famille
chrétienne.

» Après les vêpres, M. le curé accompagna jusqu'à
peu de distance du château d'Ars l'illustre dominicain,
qui devait y passer la nuit. Au moment de se quitter,
tous deux se demandèrent réciproquement leur bénédiction. Comprenant toutefois, après un instant d'hésitation, que la priorité lui était dévolue par l'âge,
M. le curé d'Ars mit un terme à cette lutte d'humilité
en bénissant le Père Lacordaire, qui lui baisa la main
avec toutes les marques de la plus haute vénération.

» Ils se séparèrent ensuite, l'un pour paraître le lendemain avec éclat dans la chaire d'une métropole,
l'autre, pour aller reprendre sa place au confessionnal,

où l'attendait une foule avide de ses pieuses exhortations.

» On raconte, au sujet de cette visite du père Lacordaire, que M. le curé d'Ars, à la prière du soir, dit
a .x fidèles : « Mes frères, on dit que les extrêmes se
» touchent ; vous en avez eu la preuve aujourd'hui,
» en voyant réunies dans cette église l'extrême science
» et l'extrême ignorance. » Certes, l'humilité du saint
homme se peint admirablement tout entière dans ces
paroles dites pour atténuer les éloges que lui avait
donnés le grand orateur. Mais, était il ignorant celui
qui, selon le témoignage du Père Lacordaire, de
Mgr l'évêque de Birmingham et de tant d'autres personnages éminents, s'exprimait avec tant d'émotion et
trouvait des accents pleins d'une chaleureuse sensibi-
lité lorsqu'il parlait de l'amour de Dieu et de son inépuisable bonté ? »

Jasmin, notre naïf et charmant trouvère, vint aussi
à Ars chercher l'inspiration et la bénédiction de ses
suaves poésies, dont les pauvres et les églises recevaient les produits, et il disait de M. Vianney : « Quel
type de sainteté ! Cet homme est plus grand que son
nom. Je n'oublierai jamais cette tête ceinte déjà de
l'auréole des bienheureux, ce regard de feu, cette simplicité d'enfant. »

Auguste Marceau, dont un bien attachant volume
dit le courage, la piété, les vertus et le voyage si ins-
tructif et si plein d'intérêt, disait : « Le prodige qui

m'a le plus frappé c'est que j'ai vu dans le curé d'Ars un enfant comme Notre-Seigneur les aimait. C'est un des plus beaux modèles de l'enfance chrétienne : pour cela sans doute Dieu est avec lui. »

Un visiteur singulier parut aussi à Ars, et son nom ne doit pas être omis. C'était M. Meissiat.

Et ce pèlerin, orphelin à 14 ans, entraîné en Egypte où il avait embrassé le Coran, puis, sans principes arrêtés, passant alternativement du judaïsme au protestantisme, de là à toutes les rêveries des saints-simoniens et autres humanitaires, c'est-à-dire devenant tout ce qu'il lui plaisait d'être, moins d'être catholique, mourait, deux ans après, dans les sentiments d'une foi vive. Il avait vu et compris !...

Nous parlons des pèlerins d'Ars, mais qui dénombrera aussi ceux qui, ne pouvant y venir, y venaient par des lettres ? Qui rendra compte rien que de la quantité et du motif de ces missives de toute nature ? Un prêtre était assez occupé à lui donner une analyse succincte de leur contenu. Pendant l'unique repas que faisait le saint curé, ce courrier, toujours énorme de chaque matin, était entassé sur une table, on jetait au feu ce qui lui semblait confidentiel ou inutile, et, le plus souvent, le secrétaire seul transmettait la réponse qu'il indiquait. Remarquons que les premières mises de côté étaient celles qui commençaient par des éloges. Pour son humilité le vrai n'était que mensonge et flatterie, c'est-à-dire on recourait à sa sainteté, à sa puissance sur Dieu, et seul il ne voyait en lui rien de saint, rien de puissant.

Qu'il est à regretter que tant d'autographes aient péri. On y trouverait la plus belle page de l'histoire de l'humanité et le plus bel éloge du curé d'Ars, l'écho douloureux de tous les gémissements et tristes plaisirs d'ici-bas. Nous aurions, dit M. Monnin, le sens de cette parole du vénérable prêtre : « Il faut venir ici pour apprendre ce qu'est le péché originel... C'est ici qu'on voit la *graine d'Adam*. »

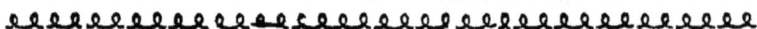

X

L'EMPLOI DU TEMPS POUR LE CURÉ D'ARS.

Les pages précédentes fort assez connaître l'abbé Vianney; cependant le lecteur demande encore des renseignements non d'ensemble mais de détails sur quelques-unes des choses qui y sont énoncées.

Ainsi, comment le curé d'Ars employait-il les vingt-quatre heures qui composent une journée ?

A peu de chose près, et sauf quelques circonstances de visite inattendue, d'affaire exceptionnellement grave ou de maladie, il en vint à un genre de vie tel qu'humainement il est impossible de le comprendre, et on n'y croirait pas si des milliers de témoins ne vous l'expliquaient par ces trois mots : *C'est un miracle !*

Dès deux ou trois heures du matin, parfois depuis minuit, entrant dans sa véritable et seule demeure, le confessionnal, il n'en sortait que pour dire sa messe, vers six heures, et il y reveneit après son action de grâces et la récitation d'une partie de son bréviaire. Vers onze heures il le quittait encore pour faire aux pèlerins son *catéchisme*.

Si vous désirez savoir ce qu'était cette sorte d'*instructions*, lisez cette lettre :

« Je l'ai entendu plusieurs fois, raconte un pèlerin. Il montait sur une petite estrade entourée d'une barrière de bois, faisait asseoir les pèlerins le plus près de lui possible, afin de ne perdre aucune place, et, après avoir regardé l'autel, il commençait avec effort. Sa voix était très faible, et je ne sais comment on pouvait l'entendre. Tout-à-coup elle s'altérait. Il ne pouvait achever les paroles commencées. Plusieurs fois il reprenait les mots de *Dieu*, de *bonheur éternel*, de *ciel*. Il lui fallait des efforts répétés pour les prononcer.... Mais les larmes éloquentes et intelligibles, larmes de feu et de diamant, les avaient achevées, et, au lieu de tomber à terre, elles étaient montées au ciel, recueillies par la main des anges. »

» Heureux, dit un autre pieux pèlerin, celui qui a entendu ces sermons là ! Oh ! que c'était bien le fidèle disciple parlant divinement et de haut, *ascendens in montem !* C'était la parole d'amour sur la lèvre d'un apôtre de l'Eglise primitive Il ne fallait pas s'attendre à trouver là l'exorde, les trois points, la péroraison et la phrase des rhétoriques humaines. C'était simple comme *bonjour* adressé aux hommes par un envoyé de Dieu, comme la bonne nouvelle. Le *bon père* s'écriait : « Ah ! mes enfants, si vous saviez comme le bon Dieu est bon, à quel point il vous aime ! .. » Et un sourire ineffable achevait sa phrase. « Est-il possible, mes enfants, qu'on désobéisse à un Dieu si bon, qu'on fasse de la peine à un Père si tendre ?... » Et la voix du saint se brisait dans les larmes et les sanglots.

» L'éloquent prédicateur passait ainsi incessamment du sourire de l'ange aux larmes du saint. Toute l'assistance, touchée, entraînée, passait, comme lui, du sourire aux larmes, jusqu'à ceux là même qui, placés trop loin, ne pouvaient entendre la voix affaiblie du vieillard, mais entendaient son cœur dans son geste, dans la lumière et dans les pleurs de ses yeux. »

Vers midi il allait dîner. Quel dîner ! Quelle nourriture donnait-il à son *malheureux cadavre ?* ainsi qu'il appelait son corps. Dans une lettre officielle à son

clergé, l'évêque de Belley répond à cette question :
« Il ne dormait pas, il ne mangeait pas ; cette locution
familière avait presque sa réalisation pour lui : trois ou
quatre onces de nourriture par jour, une heure, deux
heures de sommeil lui suffisaient.» Et lorsque ce même
prélat lui eut ordonné de joindre à ses pommes de
terre et à son lait un peu de viande, il n'obéissait
qu'en versant des larmes. Son repas achevé, tout en
s'occupant de sa correspondance, il récitait son bréviaire et visitait les malades de ses communautés.
De récréations, de délassements proprement dits, il
n'en connut jamais. Enfin, vers onze heures, minuit,
il allait se reposer.

Mais quelle maison, quel lit va le recevoir ? « Jamais, dit M. Monnin, l'abbé Vianney n'a eu de domes-
tique, il ne s'est jamais occupé de ménage, pas plus
que de son vestiaire ; son pain était celui de la charité
que de pieuses personnes étaient heureuses de lui
donner et qu'il était heureux de recevoir d'elles. » Au
plus fort de l'hiver point de feu pour réchauffer au
moins sa chambre : comme les Trappistes, il couchait
sur des planches. M. de Montrond dit :

« Nous avons vu nous-même avec attendrissement,
dans ce misérable presbytère qui a été le témoin de
tant de mortifications et de vertus, cette couche aus-
tère d'où l'âme d'un saint prit son vol vers les cieux...
Un jour peut-être cette pauvre chambre, transformée
en chapelle, deviendra l'un de ces sanctuaires bénis

4..

où l'on aime à prier parce qu'ils furent la demeure d'un saint de la terre. Mais dans ce modeste asile, où le bon curé ne passait que quelques heures, il voulait être seul avec Dieu, afin de vaquer plus parfaitement à la prière et à la contemplation. Il voulait dérober à tous les regards ses austérités et ses combats contre l'ennemi du salut des hommes. La porte de la cure n'était donc point ouverte au public. Un religieux et les collaborateurs de M. Vianney dans le ministère paroissial, lorsque la nécessité le demandait, avaient seuls la faculté d'y entrer. Quelques prêtres venus du dehors partageaient cependant ce privilége. Ecoutons l'un d'entre eux : « Nous avons été assez heureux, disait-il, pour partager la faveur du petit nombre des élus, et nous en remercions sincèrement la divine Providence. La visite de l'habitation de M. le curé d'Ars vaut plus qu'un sermon, plus même qu'une longue retraite ; elle parle au cœur plus éloquemment que les plus beaux discours. Ces vieilles murailles enfumées, ces deux ou trois siéges rustiques à demi brisés, ce christ, cette vierge de plâtre, qui reçoivent tant de supplications et d'aspirations amoureuses, ce pauvre grabat sur lequel reposent les os du vieillard, ce pavé humide des larmes et du sang de la pénitence ; tout vous étonne, vous attendrit, vous confond et vous inspire les plus graves réflexions. »

Non-seulement dans les visites de ses malades, mais encore pendant l'allée et la venue de son presbytère à l'église, le bon curé ne s'appartenait pas. Le journal l'*Univers,* qui, si fréquemment parlait de lui, écrivait, dans son numéro du 12 août 1859 :

« C'était à qui lui parlerait et à qui le toucherait ; c'était le moment où ceux qui voulaient obtenir quelque faveur lui adressaient la parole ; on lui demandait sa bénédiction ; on voulait de lui un mot ou un regard ; on voulait recevoir de lui une image ou une médaille de ses mains ; on voulait toucher sa soutane, ses cheveux : il avait besoin souvent d'être protégé contre l'empressement et la rudesse de cette vénération. En passant ainsi à travers la foule et tout en se prêtant à ce qu'on demandait, il adressait parfois à ceux qu'il remarquait des mots qui étaient des traits de lumière et qui allaient droit aux besoins des âmes. »

XI

ÉPREUVES ET CROIX DU CURÉ D'ARS.

Est-ce à dire que cette vie si occupée, si mortifiée, si dure, fût compensée par des joies et des consolations humaines? Aux souffrances volontaires que s'imposait, que cherchait avidement et partout le vénérable prêtre, Dieu ajoutait-il d'autres douleurs, d'autres croix? Oui, et elles furent nombreuses. Dans sa couronne brillent les symboles du martyre non sanglant qui, par la charité parfaite avec laquelle il est enduré, peut égaler en mérites de celui qui provient du fer ou du feu.

Sans doute il savait voir, il savait bénir la main qui n'arrêtait pas les coups dont il était frappé; mais enfin, comme ces coups étaient cruels, immérités! quelle vertu pour non pas chercher à les détourner, mais pour les accepter avec amour et actions de grâces!

O fait incroyable! oui, d'abord il se vit traité d'hypocrite, de fou, de fanatique, d'imbécile; et ces qualifications. aussi injustes que grossières, ne lui furent pas seulement prodiguées par le méchant ou l'impie dont il déjouait les piéges et confondait les machinations, mais encore par des âmes réputées honnêtes et bonnes qui, loin d'accueillir de faux rapports, auraient dû être les premières à les confondre et à le venger.

Eh bien! lui, le saint prêtre, calme au milieu de la tempête, impassible à la calomnie, n'essayait point de détromper ses ennemis et de prouver à ses amis la fausseté de ces propos odieux. « Je serais fâché, répétait-il, que le bon Dieu fût offensé; mais, d'un autre côté, je me réjouis en lui de tout ce qu'il permet qu'on dise contre moi, parce que les condamnations du monde sont des bénédictions du ciel... J'avais peur d'être hypocrite quand je voyais qu'on faisait quelques cas de moi, je suis bien content que cette estime si mal fondée se tourne en mépris... Quand on aura tout dit, il n'y aura plus rien à dire, et l'on se taira... Que j'étais content de me voir foulé comme la boue des champs. Je me disais : Bien! c'est cette fois que ton évêque va te traiter comme tu le mérites Et cette pensée me consolait... Combien j'ai d'obligation pour ceux qui m'apprécient pour ce que je vaux, ce sont eux qui m'aident à me connaître. » (*Deux humilités illustres,* page 96.)

A ces épreuves du dehors joignons le trouble extrême dans lequel le jetaient sans cesse la pensée de l'éternité et la crainte que ses péchés ne lui fermassent le ciel. Chose tout-à-fait divine, dont l'hérétique et l'impie détournent la tête parce qu'elle n'a qu'une explication, une seule dont ils ne veulent à aucun prix : l'obéissance à l'autorité, la *confession !* Spectacle quotidien qu'offre seul le catholicisme! Craindre, trembler toujours pour soi-même et cependant raffermir les autres, leur ordonner d'être en paix! Lui, dont le regard, comme celui de quelques saints, avait l'intuition du fond des consciences, en pénétrait les replis les plus secrets ; lui qui, souvent prévenant les questions ou aveux d'un cœur, lui disait, sans hésitation : *Continuez, vous êtes dans la bonne voie !* ou : *cessez, il en est temps !* lui, ne savait voir dans son âme que misère et indignité. Maintes fois , altéré à la pensée de sa responsabilité de pasteur, on le vit supplier ses supérieurs de lui permettre d'aller pleurer et expier ses péchés chez les Trappistes ou les Chartreux, et, à deux reprises éloignées d'intervalle, quittant son presbytère, il y avait été ramené au milieu des ovations de ses paroissiens attendris.

Eh ! que dirons-nous de ses luttes contre le démon lui apparaissant sous une forme visible ? Plus une âme glorifie Dieu et arrache de victimes à l'Enfer, plus elle devient l'objet de la haine de cet éternel ennemi de Dieu et du ciel. L'histoire de l'Eglise, dans ses hagiographies les moins contredites, dépose que ce n'est point toujours par des tentations intérieures. intimes, par des attaques se produisant seulement dars l'agitation secrète de la conscience, dans le sanctuaire de l'âme que le Démon se *manifeste convoitant sa proie.* Non, c'est sous des apparences sensibles, tour-à-tour hideuses et terrifiantes ou séductives, qu'il se présente à l'œil matériel, à l'odorat, au toucher, en un mot aux sens extérieurs d'un serviteur de Dieu qu'il abhorre.

Comme Antoine, le patriarche du désert, comme Paul, Jérôme, Hilarion, Pacôme, Benoit, comme le tendre et innocent Stanislas Kotska, le curé d'Ars eut donc à combattre cet affreux combat contre les puissances infernales. Mais il en triompha toujours, se rappelant ces conseils de l'auteur de l'*Imitation*.: « Ne Le croyez pas, et ne vous embarrassez

point de Lui ; moquez-vous de ses piéges. Dites lui :
Retire-toi, esprit impur ; rougis de honte, misérable ;
il faut que tu sois bien immonde pour te cacher ainsi.
Va, tu ne peux rien sur moi ; Jésus est avec moi ; ta
fureur tombe devant ce guerrier tout-puissant. »

A l'Eglise de juger ces faits surnaturels qui se sont
produits plusieurs années sous l'humble toit de
J.-B. Vianney, et qui, s'ils sont, comme on n'en sau-
rait douter, juridiquement prouvés, ne seront pas une
des moindres gloires, un des moindres enseignements
du XIXe siècle.

Indiquons enfin comme une des palmes de sa couronne, les douleurs fréquentes d'entrailles et de tête
contre lesquelles seul son amour de l'expiation était
capable de lutter. Si, disons-nous, on réunit par la
pensée toutes ces choses que nous ne faisons qu'indiquer, la conclusion ne sera-t-elle pas celle des
multitudes enthousiastes et confondues d'étonnement :
C'EST UN SAINT !

~~~~~~

XII

VERTUS ET QUALITÉS RARES DU CURÉ D'ARS.

C'est un saint ! Quelle vertu lui manque, ou plutôt
quelle vertu prise dans la plus stricte acception du
langage catholique, pouvait manquer à un homme
qui ne pouvait parler de l'amour de Dieu pour les
âmes, de Notre-Seigneur Jésus-Christ, de la croix, des
délices du tabernacle sans émouvoir ses auditeurs les
plus indifférents ; qui, comme il est dit de saint Ambroise, n'obtenait pas de larmes d'un pécheur sans les
avoir provoquées par les siennes ; qui n'accordait à
son misérable *cadavre* déchiré par le cilice, que le nécessaire absolument réclamé pour sa conservation !

Foi, espérance, charité, ces trois vertus théologales,
Jean-Marie les a-t-il pratiquées dans ce degré héroïque qu'exige l'Eglise pour écrire un nom au catalogue
des saints ? Chez lui en a-t-il été de même de la jus-

tice, de la tempérance, de la prudence, de la force,
vertus d'où naissent et auxquelles se rattachent toutes
les autres ? En particulier, son zèle pour les saintes
œuvres, pour l'embellissement des maisons de Dieu,
pour les pauvres n'a-t-il pas éclaté visible comme la
lumière du ciel chez ce prêtre qui laissait passer par
ses mains des monceaux de pièces d'or et d'argent
sans en retenir pour lui-même une obole ?

Les preuves de ces faits se comptent par centaines.
Un jour, lorsque l'infaillible interprète des volontés du
Sauveur livrera à toute publicité les pièces de con-
viction contenues dans l'immense dossier de la glori-
fication du curé d'Ars, ces paroles, ces faits seront
pieusement recueillis, et nul volume d'anecdotes n'en
offrira de plus variées, de plus édifiantes et instructives.

Dans ce volume seront aussi énumérés et détaillés
les miracles de toute sorte que le curé d'Ars obtenait
de Dieu par l'invocation des saints, surtout de la glorieuse Reine des anges et des hommes et de sainte
Philomène ; prodiges qu'il racontait lui-même, mais
comme s'il n'en eût été que le simple spectateur.
« Mes frères, disait-il un jour à son instruction de
midi, il s'est opéré ici, cette semaine, quatorze miracles par l'entremise de sainte Philomène. » Ces
prodiges, les paroissiens et les pèlerins les ont vus,
ils en ont laissé pour souvenir les innombrables ex-
voto appendus aux murailles de la délicieuse chapelle
de sainte Philomène, *sa chère petite sainte.* Ces prodi-

ges, chaque jour le bon curé en manifeste quelques-uns du fond de son cercueil.

Pour nous, laissant à l'Eglise cette appréciation, bornons-nous à placer à la fin de nos pages les principaux passages de l'oraison funèbre du curé d'Ars prononcé par Mgr de Langalerie lui-même. C'est en présence des paroissiens, des nombreux prêtres ou religieux, tous témoins de la vie du curé d'Ars, qu'il a affirmé les vertus, les miracles, l'esprit prophétique, la sagesse céleste de son *ami,* de son *modèle,* de son *père.* Une telle autorité donne leur valeur réelle à nos simples indications.

XIII

DERNIERS JOURS. — MORT DU CURÉ D'ARS.

Avant de parler de la mort du saint curé, disons un mot du double témoignage d'honneur dont il fut l'objet malgré lui. *Plus les âmes s'abaissent,* répète l'Ecriture, *plus Dieu se plaît à les exalter.*

Dès les premiers jours de son épiscopat, Mgr Chalandon, aujourd'hui archevêque d'Aix, vint lui-même à Ars, où le curé, prévenu, alla le recevoir, selon le cérémonial, sur le seuil de l'église. Là, le pontife lui passe autour des épaules le camail dont il voulait le récompenser. Tous les assistants applaudissaient joyeux ; seul, le nouveau chanoine honoraire était confus et triste. Peu après ce camail était vendu et changé en trente francs pour les pauvres. — Prêchant la retraite pastorale à Nimes, le même éloquent prélat prononçait un *sermon entier* sur son pieux ami qu'il comparait aux plus illustres saints.

En 1858, Mgr de Langalerie, évêque actuel de Belley, lui portait, au nom de l'empereur, la croix d'honneur dans un riche coffret. « Que m'offrez-vous là, dit l'humble prêtre, sont-ce des reliques ? — Non, mon cher curé, répondit l'évêque, c'est la croix de la légion d'honneur. » Il resta silencieux, protestant de son indignité; et cette décoration, si enviée, ne parut que sur son cercueil.

L'heure était venue où le curé d'Ars devait être ravi à la terre. Depuis longtemps des défaillances, des douleurs d'entrailles, une toux opiniâtre n'obtenaient de lui que cette plainte : C'est ennuyeux, ça me prend tout mon temps; et à ceux qui le priaient de se fatiguer moins, il répondait : « Je me reposerai en paradis. »

Rien, du reste, ne fut extraordinaire dans l'extinction de cette illustre vie; comme l'a dit un poëte : pour lui, *la mort fut le soir d'un beau jour.* Le 29 juillet 1859, les chaleurs extrêmes l'ayant attéré plus que de coutume au confessionnal, il s'écria, vers le soir : *Je n'en puis plus, c'est ma pauvre fin.* Le lendemain il ne put quitter sa couche, accepta quelques soins; seulement il fit poser un éventail avec lequel on le garantissait des mouches. « Laissez-moi, dit-il, avec mes pauvres mouches. » Ne pouvant se réchauffer sur sa paillasse, il avait consenti à être placé sur un matelas; mais, comme il n'avait point, disait-il, froid à la tête, il voulut conserver son oreiller de paille.

Ecoutons le pieux missionnaire qui ne l'a pas quitté dans ces moments suprêmes.

« Pendant trois jours, dit M. Monnin, tous les moyens que la piété la plus ingénieuse peut inspirer furent mis en œuvre pour fléchir le Ciel : vœux à tous les saints du paradis, demandes à toutes les communautés religieuses, pèlerinages à tous les sanctuaires. Mais les desseins de Dieu de couronner son grand serviteur devenaient toujours plus manifestes.

» Le mardi soir il demanda à être administré. La Providence avait amené pour cette heure, afin qu'ils fussent témoins de ce grand spectacle, des prêtres des diocèses les plus lointains ; la paroisse entière y assistait.

» Une personne qui avait le droit de l'approcher, vint à mains jointes le supplier en ce moment de demander à Notre-Seigneur sa guérison. Il fixa sur elle son regard brillant et profond, et, sans dire une parole, il fit signe que non.

» On vit des larmes silencieuses couler des yeux du saint malade, lorsque la cloche annonça la suprême visite du Maître qu'il avait tant adoré. Quelques heures plus tard, il en répandit encore ; ce furent les dernières, des larmes de joie... Elles tombèrent sur la croix de son évêque.

» Mgr de Langalerie, averti providentiellement des progrès du mal, arrivait haletant, ému, priant à haute voix, fendant la foule agenouillée sur son passage... Il était temps !... »

La nuit qui suivit cette visite de son évêque, le vit s'endormir doucement dans la paix de Dieu.

« Deux heures du matin !... c'était l'heure de laudes, remarque son pieux ami et biographe, et dans tous les couvents de réguliers, où se célèbre l'office nocturne, on chantait, dans le moment même, en l'honneur de saint Dominique, ces paroles de l'hymne des confesseurs :

Dies refulsit lumine
Quo sanctus hic de corpore
Migravit inter sidera.

L'heure a sonné où ce saint de la terre a passé au ciel !

~~~~~~

XIV

FUNÉRAILLES DU CURÉ D'ARS.

Un [témoin oculaire, dans l'*Esquisse biographique* du saint prêtre, raconte ainsi ses magnifiques funérailles :

« Le corps de M. le curé d'Ars, revêtu de ses habits sacerdotaux, fut placé dans une salle basse, située au-dessous de sa chambre, que l'on décora à la hâte de modestes tentures blanches, semées de couronnes et de fleurs. Là, pendant deux jours et deux nuits, accourut, sans trève ni relâche, une foule toujours grossissante et sans cesse renouvelée. Durant ces deux jours, tous les chemins conduisant à Ars étaient sillonnés de voitures et couverts d'innombrables piétons. Le nombre de fidèles venus chaque jour a été approximativement évalué à 5 ou 6,000 au moins.

»De deux en deux heures retentissait le glas funèbre, et ses sons lugubres provoquaient de nouvelles explosions de cris de douleur dans la chambre où le corps se trouvait exposé.

» Deux frères de la Sainte-Famille veillaient à éviter les accidents que l'empressement de la foule aurait pu occasionner ; ils avaient soin de faire entrer par une porte et sortir par une autre cette interminable procession. Chacun voulait faire toucher au saint prêtre quelque objet destiné à être religieusement conservé ; il est impossible de s'imaginer la quantité de croix, de chapelets, de livres, d'images, que la piété des fidèles a appliqués à ces restes vénérés !...

» Quoique la chaleur fut excessive, le corps a pu être laissé à découvert jusqu'à la nuit qui précéda les funérailles ; on n'y remarquait pas la moindre trace de décomposition. Le *saint curé* paraissait plongé dans un tranquille sommeil. Ses traits avaient conservé leur expression habituelle de douce quiétude et d'ineffable bonté.

»Les funérailles avaient été fixées au samedi 6 août ; 5 à 6,000 pèlerins, arrivés de la veille, avaient passé la nuit comme au bivouac autour de l'église, sur la place et dans les rues adjacentes. Dès l'aube et pendant la matinée, omnibus, voitures particulières, chars-à-bancs encombraient les routes qui aboutissent à Ars ; beaucoup de personnes, n'ayant pu trouver de moyen de transport, avaient dû faire le trajet à

pied. Au moment de la cérémonie, la place, les ave-
nues de l'église, les rues du village et les abords des
chemins étaient envahis par plus de 6,000 personnes.
Plus de 300 prêtres étaient venus des diocèses de
Belley, de Lyon, de Grenoble, d'Autun, etc , etc. Les
couvents de la contrée s'y trouvaient tous représentés
par quelques-uns de leurs membres. On y voyait le
prieur des dominicains de Lyon, accompagné du père
Lecomte, le père Hermann et quantité d'autres hommes illustres par leur savoir et leur piété.

» A l'heure dite, Mgr l'évêque de Belley étant arrivé,
le cortége s'organisa. Les coins du poêle étaient tenus
par M. le curé de Trévoux, M. l'abbé de Séresin, chanoine de Belley, M. le comte de Garets, maire d'Ars,
et M. le sous-préfet de l'arrondissement de Trévoux.

» Le deuil était conduit par MM les missionnaires
du Pont-d'Ain, qui représentaient la famille spirituelle
du saint prêtre, après ses parents de Dardilly.

» Deux dominicains ouvraient la marche ; après eux
venaient les ecclésiastiques qui n'avaient pas pu re-
vêtir l'habit de chœur ; puis la partie plus nombreuse
qui portait le surplis, suivie de Mgr l'évêque de Belley, revêtu de l'étole ; venait ensuite le cercueil du
saint curé, sur lequel on avait placé son étole, son
surplis, son camail de chanoine, la croix de la Lé-
gion-d'honneur et une immense couronne d'immortelles jaunes, avec cette inscription : *A notre Père*. La
brigade de gendarmerie de Trévoux, son lieutenant

en tête, avait été appelée pour maintenir le bon ordre.

» Sur la place de l'église, le cortége fit halte. Mgr l'évêque de Belley monta sur la plus haute marche de la croix de mission, et prononça d'une voix émue un discours qui était un hommage solennel rendu à la sainteté de l'humble prêtre.

» Après le discours de Monseigneur, le cortége est entré dans l'église, où le clergé, les autorités et la famille du défunt purent seuls trouver place. Une grand'- messe solennelle fut chantée par M. l'abbé Guillemin, vicaire-général de Belley, ancien secrétaire de Mgr Devie, et vieil ami de M. le curé d'Ars.

» Pendant la célébration de la sainte messe, un silence religieux et un recueillement profond régnèrent constamment au sein de la foule rassemblée autour de l'église.

» Après l'absoute faite par Mgr l'évêque de Belley, le corps, qui était dans un cercueil en chêne plombé avec un vitrage au-dessus, fut mis dans un second cercueil en chêne complètement fermé, que l'on plaça dans la chapelle de saint Jean-Baptiste, patron de M. Vianney, en attendant qu'un caveau fût ouvert. »

Donnons maintenant la partie la plus importante de notre travail. La flatterie s'explique-t-elle, a-t-elle du sens sur un tombeau lorsque, d'avance, l'orateur est convaincu que ces mensonges ne rencontreront dans son nombreux auditoire que le silence de la désapprobation et du mépris? Or, ici c'est un évêque parlant à

Le curé d'Ars. 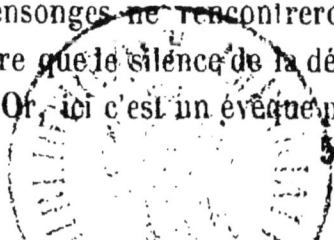 5

des prêtres, à des fidèles, d'un confrère, d'un curé qu'ils ont tous connu plus ou moins intimement. Quelle parole humaine s'affirme avec une telle autorité !

DISCOURS

DE MONSEIGNEUR L'ÉVÊQUE DE BELLEY

PRONONCÉ DEVANT LE CERCUEIL

[DE M. JEAN-BAPTISTE-MARIE VIANNEY

LE VÉNÉRABLE ET SAINT CURÉ D'ARS

LE JOUR DE SES FUNÉRAILLES, 6 AOUT 1859.

Euge, serve bone et fidelis, intra in gaudium Domini tui.
(MATTH., XXV, 21.)

Faites silence, mes Frères ! Ecoutez bien, pieux fidèles, que le respect, l'affection et la douleur ont amenés si nombreux à cette touchante, à cette imposante cérémonie. Je vais la répéter cette parole de Notre-Seigneur dans le saint Evangile : dites, en est-il un seul parmi vous qui ne croie l'entendre sortir de la bouche de Dieu même, au moment où la belle âme de notre saint curé s'est détachée de ce corps usé si longtemps au service du divin Maître? *Euge, serve bone et fidelis, intra in gaudium Domini tui.* « Courage, bon et fidèle serviteur, entrez dans la joie de votre Seigneur et de votre Dieu. »

Méditons-la quelques instants, mes Frères, cette parole si douce et si chère. Elle doit faire en ce moment notre espérance, notre consolation. J'ajoute qu'elle renferme un salutaire avertissement, au nom de celui qui ne doit plus vous parler désormais que par les exemples de sa vie, et probablement aussi par les merveilles de sa tombe.

« *Euge!* Courage! » Déjà ce premier mot, ce seul mot nous relève : « Courage, bon et fidèle serviteur! » Jean-Baptiste-Marie Vianney, notre saint curé d'Ars, est un serviteur de Dieu qui a compté soixante-quatorze ans de bons et loyaux services ; sa vie tout entière a été la durée de ses saints engagements. Tout enfant, tout petit enfant, il servit Dieu ; jeune homme, il servit Dieu ; étudiant ecclésiastique, il servit Dieu ; les refus ne le découragèrent pas dans ses projets de servir Dieu d'une manière plus absolue et plus fructueuse, en embrassant la carrière sacerdotale ; il ne voulait être prêtre, bien sûr, que pour servir Dieu. Il l'a bien prouvé! Prêtre, vicaire, curé, il servit Dieu toujours...

Ce service, vous le savez tous, a fini par remplir tellement sa vie, que les actions indifférentes dont nous faisons, nous, la consécration au service de Dieu en les lui offrant et les rapportant ainsi indirectement à sa gloire, avaient comme disparu de la vie du saint curé. Il ne mangeait pas ; il ne dormait pas : cette locution familière avait presque sa réalisation pour le curé d'Ars. Trois ou quatre onces de nourriture par jour, une heure, deux heures de sommeil lui suffisaient. Et le reste du temps, et sa journée, qu'en faisait-il? Tout entière au service de Dieu, dans le service des âmes : quatorze, seize, dix-huit heures de confessionnal, suivant les jours ; exercice de la confession interrompu par ce catéchisme qui était une si éloquente prédication. Même lorsqu'on ne l'entendait pas, lorsqu'on ne comprenait pas, sa vue en chaire, sa vue

toute seule prêchait, touchait, convertissait. Et le reste
du temps, que faisait-il encore? Des rapports fré-
quents avec ses paroissiens bien-aimés, la visite des
malades, la prière et de longues prières, les pieuses
lectures,... en un mot, le jour tout entier se passait
dans des actes employés directement à la gloire et au
service de Dieu. Et ce jour tout entier à Dieu recommençait, recommençait sans cesse, et le dimanche et
la semaine, et le jour, et la nuit, sans trêve ni vacance.

« *Euge, serve bone et fidelis, quia in pauca fuisti*
» *fidelis!* Courage, bon et fidèle serviteur, vous avez
» été fidèle en de petites choses! » Oh! mon Dieu,
vous me permettez bien cette parole : ce n'est pas en
de petites choses que le curé d'Ars fut serviteur fidèle
et dévoué! Il faut le dire à votre gloire, ô mon Dieu ;
car cette vie a été une merveille de votre puissance et
de votre amour : pour vous, oui sans doute, tout cela
est peu de chose, très peu de chose, infiniment peu
de chose ; mais pour nous, hommes, pour nous, fai-
bles mortels, cette vie du curé d'Ars est une merveille, une éclatante merveille, et, on peut le dire, un
continuel miracle. Combien y a-t-il d'années, de siècles, peut-être, qu'on ne vit pas une existence sacerdotale dans des conditions semblables, aussi fructueu-
sement, aussi saintement, aussi continuellement occupée, employée, dépensée au service de Dieu?

Et ce service de Dieu a été accompli avec toutes les
conditions de bonté et de fidélité que réclame la sainteté du Maître que nous servons : « *Euge, serve bone*
» *et fidelis!* Courage, serviteur bon et fidèle! » Le
BON, pour un chrétien, pour un prêtre, c'est le sacrifice, la croix, la mortification : le BON, c'est le gé-
missement de la nature changé en soupir d'expiation
et d'amour. Le sacrifice est un acte d'amour, et, en
même temps, la véritable épreuve du véritable amour.
Voilà ce qui fait le *bon* service, le service à toute
épreuve ; notre saint curé d'Ars a eu cette solide et
forte *bonté.*

A l'austérité d'une vie, telle que nous l'avons ébau-
chée et que vous l'avez tous connue, il ajoutait encore
de nombreuses mortifications ; il avait à supporter des

souffrances presque continuelles, et Dieu lui imposait, par moment, le poids de peines secrètes et mystérieuses.

Et ce service si pénible et si *bon*, fut tellement *fidèle*; la facilité de ce serviteur fut si entière, que l'amour-propre n'en détourna jamais la moindre part. Ce qu'il faisait pour Dieu, le saint prêtre le laissait tout à Dieu. Ce pauvre curé de campagne, entouré de ces milliers de pèlerins, était simple comme un enfant. Vous l'avez vu, vous tous ici présents, vous l'avez entendu : n'est ce pas la vérité, la plus exacte vérité ? Les témoignages les plus variés et les plus multipliés du respect et de l'admiration ne semblaient en rien l'émouvoir. Il bénissait la foule comme s'il eût reçu lui-même la bénédiction de plus haut que lui. Il voyait son image reproduite partout et de toutes les manières, comme celle du patron, du saint de l'endroit, et il disait souvent, à cette occasion, un mot trivial et vulgaire que sa simplicité rendait sublime.

« *Euge, serve bone et fidelis!* Courage, serviteur » bon et fidèle! » Ces mots sacrés sont si vrais, en parlant de vous : courage! Mais non, je ne le dis pas pour vous, je le dis pour nous : Courage! *Ne pleurons point comme ceux qui n'ont pas d'espérance* (1). Ah ! l'espérance est ici presque de la foi! Permettez-nous, en ce moment, mes Frères, de vous ouvrir plus intimement le fond de notre cœur.

Providentiellement averti du rapide progrès de la maladie de notre cher et vénéré curé d'Ars, nous nous sommes hâté d'accourir; nous récitions nos prières pendant le voyage; c'était l'office de saint Dominique, *un autre bon et fidèle serviteur.* Comme malgré nous, les paroles de la prière nous rappelaient sans cesse le souvenir du saint prêtre que nous venions visiter. En union avec Jésus-Christ, chef de l'Eglise, nous aimons à nous unir, en disant le bréviaire, au saint dont nous célébrons la fête. Saint Dominique était avec nous, de moitié dans nos prières; mais à tout instant nous voyions apparaître aussi, dans notre esprit, le bon et

(1) I. Thess., iv, 12.

saint curé d'Ars. Nous disions, par exemple : *Domine, quis habitabit, etc.* « Seigneur, qui demeurera dans » votre tabernacle, ou qui reposera sur votre sainte » montagne ? Celui qui vit sans tache et qui pratique la justice. » Ces paroles lui allaient si bien ! Et ces autres : *Domine, Dominus noster*, *etc.* « Seigneur, » notre Dieu, que votre nom est adorable dans toute » la terre !... Qu'est-ce que l'homme, pour que vous » vous souveniez de lui ? Vous l'avez placé un peu » au-dessous des anges : vous l'avez couronné de » gloire et d'honneur... » Et mille autres paroles qui, dans leur application au serviteur de Dieu, nous touchaient, nous attendrissaient.

Et, quelques heures avant la mort du saint prêtre, en disant la messe pour lui, à l'autel où il était monté si souvent lui-même, les pensées de la veille nous revenaient à l'esprit en lisant ces paroles qui suivent l'épître : *Emitte lucem tuam, etc.* « C'est votre lu- » mière et votre vérité qui m'ont conduit jusqu'à » votre montagne sainte et à vos divins tabernacles .. » Oh ! mon âme, pourquoi êtes-vous triste, et pour- » quoi me troublez-vous ? » Et ces autres de l'Évan- gile : *Levate oculos vestros*, *etc.* « Levez vos yeux, » voyez ces régions, elles sont toutes blanchies des » moissons qui les recouvrent. » Ces régions, c'était, pour nous, le champ de la vie parcouru par notre saint curé ; nous les voyions couvertes des plus riches, des plus abondantes moissons ; et notre âme débor- dait, elle déborde encore de confiance, de douce et sainte espérance.

« *Euge, serve, bone*, *etc.* Courage, bon et fidèle » serviteur, entrez dans la joie de votre Maître. » L'espérance que fait naître cette parole, appliquée au saint curé d'Ars, est déjà par elle-même une consola- tion dans les tristes et solennelles circonstances qui nous rassemblent. La France entière a perdu un prêtre qui faisait son honneur et que l'on venait visiter et consulter de toutes ses provinces. Les pauvres pécheurs ! Ah ! qu'ils ont perdu en per- dant le curé d'Ars ! Il avait je ne sais quelles paroles entrecoupées de sanglots et mêlées de larmes aux-

quelles il était comme impossible de résister. Notre
diocèse a perdu beaucoup ; le curé d'Ars était sa
gloire, il était aussi sa providence ; il avait commencé
à fonder l'œuvre des Missions qui lui était si chère.
Plus de quatre-vingt-dix paroisses lui devront le
bienfait perpétuel d'une mission tous les dix ans.
Combien d'autres œuvres n'a-t-il pas encouragées,
bénies, aidées ?

Votre évêque a bien perdu, lui aussi : il a perdu un
père, un ami, un modèle ! Pauvre saint curé ! Il était
tout tremblant, la première fois que vous le vîmes et
qu'il nous reçut. Mgr Devie et Mgr Chalandon étaient
si bons ! et ils étaient en particulier si bons pour lui !
On se préoccupe toujours un peu à l'arrivée d'un nou-
vel évêque. Puis, il avait tant de respect pour la dignité épiscopale ! Que de fois, sur cette place où nous
sommes, il est venu, revêtu de ses insignes de pasteur, au premier bruit de notre arrivée ; et toujours
il se prosternait à deux genoux pour demander notre
bénédiction, malgré les involontaires murmures qui,
quelquefois, s'échappaient de la foule étonnée qu'une
si haute sainteté s'inclinât devant le simple caractère
de la dignité et de l'autorité.

Oui, tous, je le répète, nous avons bien perdu :
mais serait-il tellement perdu dans les joies du
ciel qu'il ne puisse encore penser à nous, prier
pour nous et nous servir ? Le ciel est si près de la
terre, puisque c'est Dieu qui les unit ! Courage !
Courage ! dans le sein de Dieu où il repose, le curé
d'Ars n'est pas tout entier perdu pour nous. Et voilà
qu'un avertissement salutaire, sorti de cette tombe et
des paroles que nous voudrions y graver, viendra,
comme un premier bienfait, nous rappeler à tous
que le saint curé d'Ars peut faire encore du bien à
nos âmes.

Ah ! de ce séjour de la gloire et du bonheur, veillez
encore, veillez toujours sur nous. Char et guide d'Is-
raël, laissez-nous votre double esprit de dévouement
au service de Dieu et de crainte tempérée, dominée
par la confiance et l'amour.

Laissez-le à cette communauté de missionnaires qui

se fait gloire des sentiments paternels que vous lui
portiez.

Laissez-le à vos chers, à vos bien-aimés paroissiens
d'Ars, qui ne se consoleront de vous avoir perdu qu'en
pensant à vous, qu'en vous aimant chaque jour davantage.

Laissez-le au clergé de ce diocèse si saintement fier
de vous compter parmi ses membres.

Laissez-le à l'Evêque, si triste et si heureux en ce
moment de parler de vous. Et sachez bien que le jour
le plus beau, le plus désiré de son épiscopat serait
celui où la voix infaillible de l'Eglise lui permettrait
d'acclamer solennellement et de chanter en votre honneur : *Euge, serve bone et fidelis, intra in gaudium
Domini tui,* — Amen.

XIV

SERVICE DE QUARANTAINE DU CURÉ D'ARS. — CONTINUATION DU PÈLERINAGE.

Le 14 septembre eut lieu le service de quarantaine
du curé d'Ars. L'église était pleine, la foule débordait
jusque sur la place. Des prêtres nombreux des diocèses de Lyon, d'Autun, joints au clergé de celui de

Belley, se groupaient autour de Mgr l'archevêque
d'Aix venu pour honorer leur *modèle* à tous. La cérémonie, malgré les chants et les tentures de deuil,
ressemblait moins à un office funèbre qu'à une fête
triomphale.

Le respect de M. Vianney était, à cette date, l'unique règle des habitants, et la crainte de le contrister
leur principal souci. Ce jour-là, à cause de l'affluence
des pèlerins et de l'insuffisance des voitures, quelques
omnibus avaient augmenté leur prix. « Ah ! disait-on
aux conducteurs, vous n'eussiez pas fait cela du vivant
du curé. »

Dans tous les magasins d'objets de piété, s'étalaient
ces petits et populaires portraits qui faisaient dire au
saint curé avec cette sorte de grâce fine et charmante
qui reluisait au milieu de sa simplicité : « Oh ! je ne
vaux pas cher, on me donne pour un sou. »

« Pour entrer dans la pensée de l'assistance, dit, en
octobre 1859, le *Journal des bons exemples*, Mgr l'archevêque d'Aix, après avoir célébré la messe, entre-
tint ses auditeurs des vertus du curé qu'il *vénérait*.
Nous ne pouvons analyser cet éloquent discours. Il
répondait aux sentiments du peuple, et la pensée de
tous s'exprimait par l'organe du prélat. C'était une
joie d'entendre dans le lieu saint une voix *remplie
d'autorité* proclamant les mérites du saint curé que
l'on pleurait et que chacun invoquait déjà. On l'a tant
consulté dans sa vie, comment croire que la mort lui

ait ôté quelques lumières ou qu'elle ait retranché quelque efficace à la charité avec laquelle il accueillait les pécheurs et compatissait à leurs peines.»

» Maintenant que nous reste-t-il sinon à bénir Dieu de ce qu'il a bien voulu montrer à ce siècle incrédule que la race des saints n'est pas finie, non plus que leur action puissante sur les peuples; il ne nous reste qu'à invoquer maintenant dans le ciel celui que la voix retentissante des peuples a appelé : LE SAINT CURÉ !

Un dernier mot. Le pèlerinage d'Ars, pour être moins bruyant que du vivant du saint, existe toujours; des prodiges s'opèrent sur sa tombe. Il faut encore dans cette humble église plusieurs missionnaires pour continuer ses œuvres; les pieux paroissiens, les fidèles d'alentour et beaucoup d'étrangers y viennent encore entendre la parole de Dieu, souvent annoncée par eux, et déposer au confessionnal les besoins et les peines de leur âme. Ecoutez ce que dit, le 30 septembre 1868, l'*Observateur du dimanche*.

« Les libres penseurs de notre époque, qui croient enterrer le catholicisme, se sont sans doute étonnés du nombre de pèlerinages qui ont pris naissance dans cette France qu'ils croyaient avoir conquise depuis le commencement de ce dix-neuvième siècle, qui devait assister, affirmaient-ils, à la fin définitive du christianisme. Ce ne sont pas seulement les pèlerinages anciens qui ont repris une nouvelle vie, comme Sainte-Anne d'Auray, Notre-Dame de Liesse, Fourvières, Saint-Martin de Tours, et une foule d'autres dont la célébrité n'est point aussi étendue, qui cependant voient affluer chaque année, à certaines époques, de nombreux visiteurs des contrées limitrophes au-delà desquelles ils sont peu connus. Ce ne sont pas seulement les lieux favorisés par des apparitions merveilleuses, comme la Salette et Lourdes, ou par l'habitation d'un personnage que l'opinion publique appelle Saint et voudrait voir figurer sur nos autels comme cet obscur village d'Ars, qui, grâce à son curé si humble, si complétement ennemi de tout bruit et de toute vaine gloire, est devenu une ville où, de tous les points de l'univers accouraient des milliers de visiteurs, en sorte qu'il avait fallu organiser plusieurs services d'*omnibus* à Lyon et à Villefranche pour satisfaire leur juste impatience. Depuis la mort du vertueux prêtre, l'affluence a diminué, mais elle s'est régularisée: Aujourd'hui sans doute, on ne vient plus mettre à l'épreuve sa miraculeuse sagacité pour scruter l'intérieur des consciences, mais tous les cœurs désolés continuent à venir demander à son intercession, dont ils reconnaissent la puissance, la guérison des maladies du corps et de l'âme, et presque tous repartent guéris ou consolés. Les miracles se multiplient. Il n'est plus là pour les attribuer à d'autres saints, et l'enquête se poursuit et en constatera bientôt un assez grand nombre pour que le chef auguste de l'Eglise puisse ratifier solennellement les acclamations des peuples. »

FIN.

Limoges. — Typ. F. F. Ardant frères.

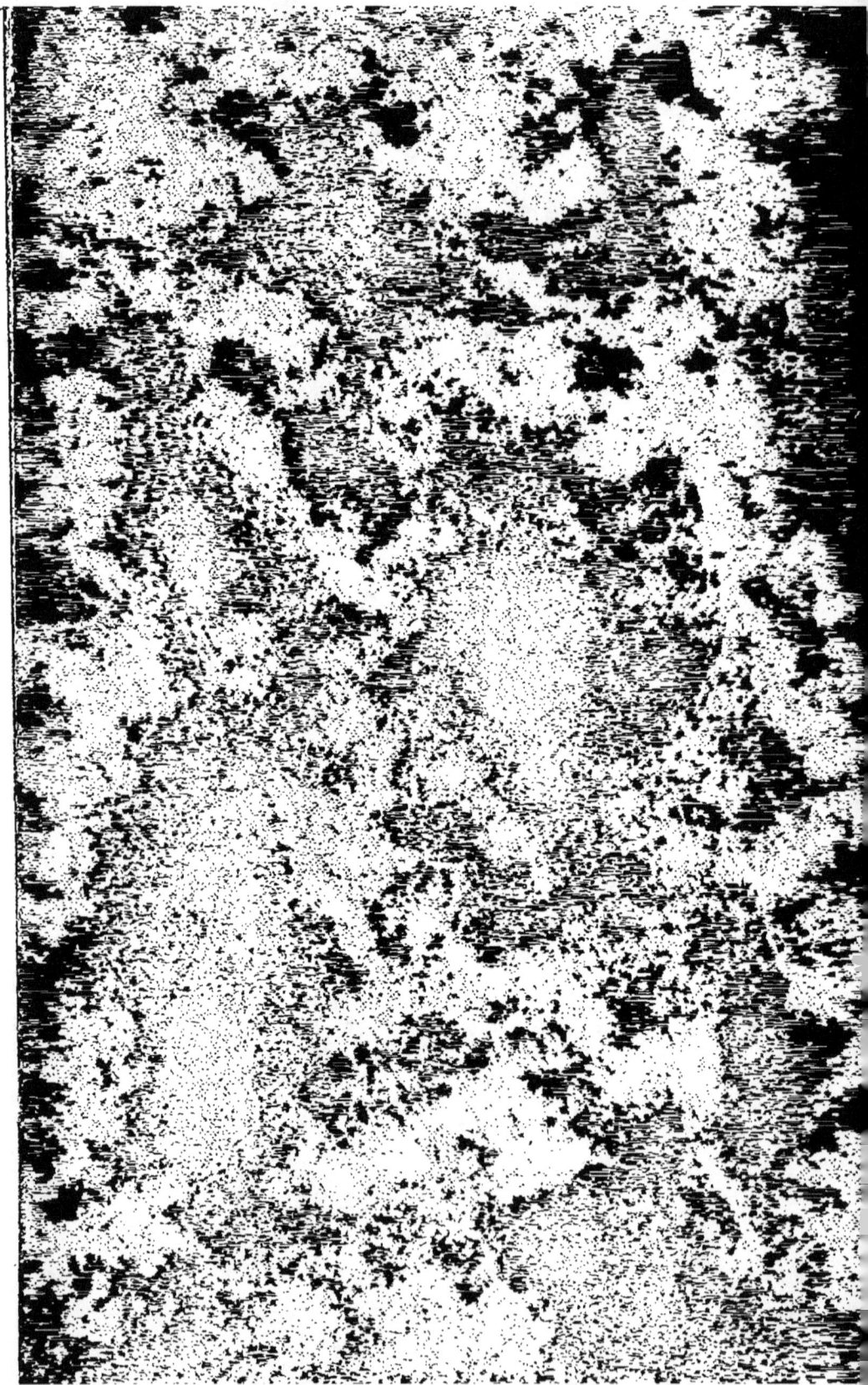

www.ingramcontent.com/pod-product-compliance
Lightning Source LLC
Chambersburg PA
CBHW060601100426
42744CB00008B/1271